紫白精義全書初階

繼大師 著

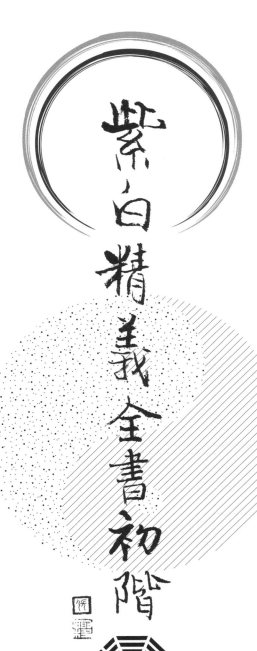

《紫白精義全書初階》

繼大師著

自序

繼大師

本書原本是附錄在《正五行擇日精義進階》一書裡，後來發覺紫白之內容太多，於是便寫一本純粹以《紫白飛星》為主的書。此書首先論其原理，尤與《沈氏玄空》之分別，一般人大多以為《沈氏玄空》即《紫白飛星》，為了澄清兩者之關係及其真偽之處，不得不把《紫白飛星》說過清楚。

坊間《紫白飛星》之萬年曆，有些印在日曆內的紫白日星，部份可能出錯，因為紫白日星之編排，與曆法上之配合，在編排上不同，約每十一年半間，在排列上，會出現多了一個甲子六十日，因此在紫白日星之編排上容易出錯，（請參閱第七章《紫白日星在曆法分佈上的偏差》）其多出之甲子六十日，有時會出現在近冬至日及近夏至日的前或後，必須由冬至日或夏至日所出現最近的甲子日開始作統計，要把所有之甲子日在萬年曆中列出一表，始可以正確地排出紫白日星。

為了使紫白年、月、日、時之洛書九星在編排上準確無誤，筆者繼大師花了大量心血時間重新整理，將百多年近冬至日及近夏至日所出現的甲子日，作全面的考據及整理，為了清楚說明紫白之法，書中使用很多由筆者首創的圖表，務能使讀者易學易明。

因為內容太多，故分為初階及高階，本書取名為：

《紫白精義全書初階》

本書內容有：紫白之原理、雙棍打狗法、紫白年星、月星、日星的尋法及九宮飛泊法、紫白日星在曆法上排列的偏差等。

為了使讀者容易掌握紫白的使用法，筆者繼大師在後段加上紫白流年、流月用事表，及擇日必須具備的資料手冊，使擇日者可以自做流年紫白表，方便查閱，減省擇日所需的時間。

筆者繼大師在此聲明：

凡使用此書為善者福德自享

凡使用此書為惡者惡果自受

使用本書擇日助人，或利用本書學問教授別人而斂財，或使用本書給人擇日斂財者，所有因果自行負責，與作者繼大師無關。

凡給人擇日，是給人家解厄增福，這要背負人家之因果，故需本身要具備功德力，外行佈施，內修禪密真言最好，亦可多頌經咒，信耶穌基督者，可多多祈禱，以保護自己及迴向眾生，善行善念，自然有應，否則福報享盡，凶禍立見，慎之！慎之！

寫一偈曰：

紫白全書錄
公開方便讀
五行擇日法
邀福亦邀祿

繼大師寫於香港明性洞天
辛巳年季春
修寫於丁酉年孟夏吉日

（一）紫白之原理——論紫白飛星及沈氏玄空

繼大師

紫白之數原於洛書數，取其數流行於九宮方位以判吉凶，是「時間之數」在三元九運中流佈於各流年甲子宮位，其訣是：

戴九履一。左三右七。二四為肩。六八為足。五居其腹。

洛書數——單數（奇數）為陽，雙數（偶數）為陰。

洛書圖：

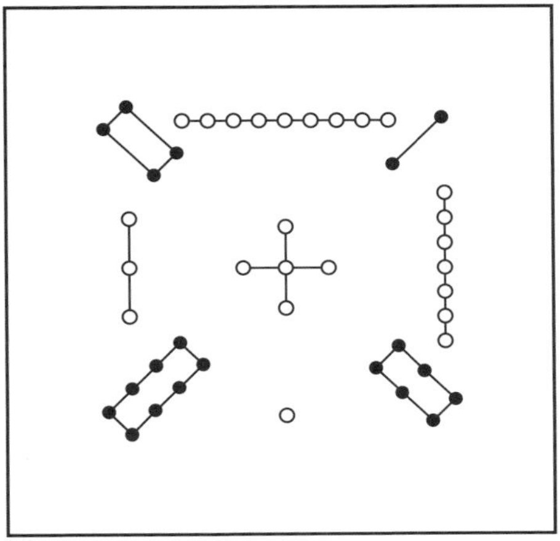

載九履一
左三右七
二四為肩
六八為足
五居其腹

在洛書數中，單數是奇數為陽，雙數是隅數為陰，其數配以尊稱，正好恰如道家拜斗禮儀之**《北斗消災延壽真經》**內之名諱，現將其簡單尊稱，列之如下：

北斗第一天樞宮陽明貪狼太星君——一白貪狼星——坎水——一白水

北斗第二天璇宮陰精巨門元星君——二黑巨門星——坤土——二黑土

北斗第三天機宮真人祿存貞星君——三碧祿存星——震木——三碧木

北斗第四天權宮玄冥文曲紐星君——四綠文曲星——巽木——四綠木

北斗第五天衡宮丹元廉晶罡星君——五黃廉貞星——中土——五黃土

北斗第六闓陽宮北極武曲紀星君——六白武曲星——乾金——六白金

北斗第七瑤光宮天關破軍關星君——七赤破軍星——兑金——七赤金

北斗第八位洞明宮外輔星君——八白左輔星——艮土——八白土

北斗第九位隱光宮內弼星君——九紫右弼星——離火——九紫火

九星之中，以一白、六白、八白和九紫屬於吉星，故名「紫白」，因在三元各流年甲子中流佈，故稱「紫白飛星」，以「紫白年星」為主，「紫白月星」次之，其各紫白星飛臨各宮交匯而斷其吉凶，再配以巒頭、廿四山及六十四卦（元空大卦）以判斷所應之事。

另外「上、中、下」三元元運中，亦有名諱如下：

上元——上台虛精開德星君

中元——中台六淳司空星君

下元——下台曲生司祿星君

「紫白飛星」不同於「沈氏玄空」之九宮飛星，其分別是：

沈氏玄空——以大廈或住屋之建成年份，加上向度，以山星（坐山之星）及向星（單位門口向度之星）飛臨各宮而斷吉凶。

紫白飛星——純粹以年、月、日、時之洛書一至九數，以元運流佈九宮方位而定吉凶。

不過「沈氏玄空」把「紫白飛星」歸納入「玄空飛星」內，兩者合一推算。

沈氏玄空以三合羅經中之廿四山，配以九個元運，合共二百一十六個宅運盤，它是用廿四山為主，推算其準確度，比三合家用之廿四山分天、地、人盤之法類似，所異者是元運時間也。

以立向而言，三合家將廿四山分天、地、人盤三份向度，在立向安碑而言，三合家在三百六十度之中而得七十二份，又有一百廿分金立向之說，用於格龍，比起沈氏之純廿四山向度多出三至五倍之多，以數據推算，則比沈氏玄空所立之向更為細微。

用三元盤之六十四卦，在立向安碑上，以卦配合爻度，每卦有六爻，共三百八十四爻之線度，比起一個圓周三百六十度之數更為細緻，而一個大八卦有三個廿四山，每一個廿四山等於有兩卦半，而三元盤又配合了三元八運之說。

繼大師註：（八運之說以五運之前十年歸四運管，五運之後十年歸六運管，故在六十四卦運中有三元八運之說。在《地理合璧》卷五〈天元餘義 — 附摘錄雜說〉集文書局印行，第 615 - 616 頁。錄有蔣大鴻先生著的〈九宮元運〉，內末段云：

「中元五黃運二十年。前十年寄四綠地。六白水。屬上元。後十年寄六白地。四綠水。屬下元。故此二十年分屬上下元。名為三元。實則止上下兩元耳。」）

這樣之配合，確實細微準確，難怪歷代三元風水祖師皆心傳口授，並不錄之於書，而三元家亦配合流年、流月之紫白飛星去推斷所應吉凶。

在清、同治年間有三元地師馬泰青先生在其著作之**《三元地理辨惑》**一書中，有述說用紫白及六十四卦斷陰陽宅吉凶之說，這樣之用法是極為細微準確也。

紫白訣在元末時代，無着大士著有**《紫白原本錄要》**，而「沈氏玄空」是根據這本《紫白原本錄要》而寫的，「無着大士」之名可見於蔣大鴻先師在**《玉函真義》**中之序文上，茲錄如下：

「敬奉無極（指蔣大鴻先師之師父「無極真人」）**將語子以道矣。但天道秘密。遠則五百年一傳。近則三百年一傳。我**（指無極真人）**昔化為無着大士。與斗中真人共明此事。為扶輪大帝定此理金之術。今數應及子**（指蔣大鴻先師）**。運啟後賢。傳之匪人。祇為禍耳。於是告盟三天。長跪敬受。」**

以上序文，說明「無着大士」是蔣大鴻先師之師父無極真人所化現之前一世，而《紫白原本錄要》在《相地指迷》一書中見到，是由蔣大鴻先師所著，由武陵出版社出版，是「風水系列」第七十六編號。

綜合以上所論，筆者繼大師認為：

山星、向星之九宮飛星 ── 不可信

紫白流年、流月之紫白飛星 ── 可信

這是筆者在八十年代學習完沈氏玄空學之後，再隨恩師　呂克明先生學習風水巒頭理氣時，由恩師詳解後，再授以紫白訣，並說明沈氏玄空在理氣上之疑點，這是本門呂氏三元風水地理學派上之認同，至於信與否、反對與認同，則視乎個人緣份，隨緣信受吧！

《本篇完》

現附上洛書配以後天卦以五數入中宮圖表如下：

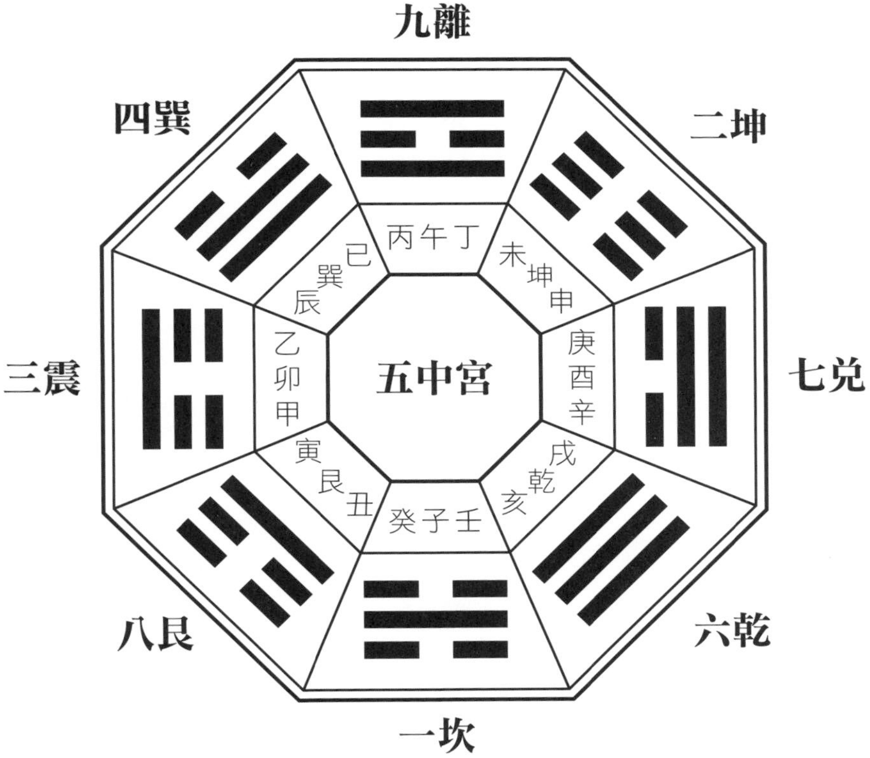

洛書數配以後天大八卦圖
（繼大師作圖）

（二）紫白年星之尋法——紫白年星原理

繼大師

紫白星之流佈，分年星、月星、日星及時星，它與三元九運連繫著，並且循環不息。

紫白年星之流佈法

《紫白訣》云：

上元甲子一白求

以上元一運甲子元年紫白「一白星」入中宮順飛九宮方位，每廿年一個小元運，一個甲子六十年即一運至三運。

中元四綠甲子遊

以中元四運甲子元年紫白「四綠星」入中宮順飛九宮方位，每廿年一個小元運，一個甲子六十年即四運至六運。

下元七赤兌上發

以下元七運甲子元年紫白「七赤星」入中宮順飛九宮方位，每廿年一個小元運，一個甲子六十年即七運至九運。

九星順走逆年頭

九星逆數順六十甲子行而入中宮，順飛九宮各方位，例如上元甲子年一白入中，乙丑年九紫入中，丙寅年八白入中，丁卯年七赤入中，戊辰年六白入中，己巳年五黃入中，庚午年四綠入中，辛未年三碧入中，壬申年二黑入中，如是者依六十甲子逆行而循環不息。

附九運表如下：

自軒轅黃帝作甲子編年以來，迄今已是第八十五個甲子，本表是近期之三元元運。

一運上元甲子	弘治十七年1504年-1524年 康熙二十三年1684年-1704年 同治三年1864年-1884年	上元
二運上元甲申	嘉靖三年1524年-1544年 康熙四十三年1704年-1724年 光緒十年1884年-1904年	
三運上元甲辰	嘉靖二十三年1544年-1564年 雍正二年1724年-1744年 光緒三十年1904年-1924年	
四運中元甲子	嘉靖四十三年1564年-1584年 乾隆九年1744年-1764年 民國十三年1924年-1944年	中元
五運中元甲申	萬曆十二年1584年-1604年 乾隆二十九年1764年-1784年 民國三十三年1944年-1964年	
六運中元甲辰	萬曆三十二年1604年-1624年 乾隆四十九年1784年-1804年 民國五十三年1964年-1984年	
七運下元甲子	天啟四年1624年-1644年 嘉慶九年1804年-1824年 民國七十三年1984年-2004年	下元
八運下元甲申	順治元年1644年-1664年 道光四年1824年-1844年 民國九十三年2004年-2024年	
九運下元甲辰	康熙三年1664年-1684年 道光二十四年1844年-1864年 民國一百一十三年2024年-2044年	

最近期之元運表

一運上元甲子 同治三年1864年-1884年	**上元**	
二運上元甲申 光緒十年1884年-1904年		
三運上元甲辰 光緒三十年1904年-1924年		
四運中元甲子 民國十三年1924年-1944年	**中元**	
五運中元甲申 民國三十三年1944年-1964年		
六運中元甲辰 民國五十三年1964年-1984年		
七運下元甲子 民國七十三年1984年-2004年	**下元**	
八運下元甲申 民國九十三年2004年-2024年		
九運下元甲辰 民國一百一十三年2024年-2044年		

二〇〇〇至二〇三五年年紫白年星入中圖

近期年份				**九星入中**
2027	2018	2009	2000	**九**
2028	2019	2010	2001	**八**
2029	2020	2011	2002	**七**
2030	2021	2012	2003	**六**
2031	2022	2013	2004	**五**
2032	2023	2014	2005	**四**
2033	2024	2015	2006	**三**
2034	2025	2016	2007	**二**
2035	2026	2017	2008	**一**

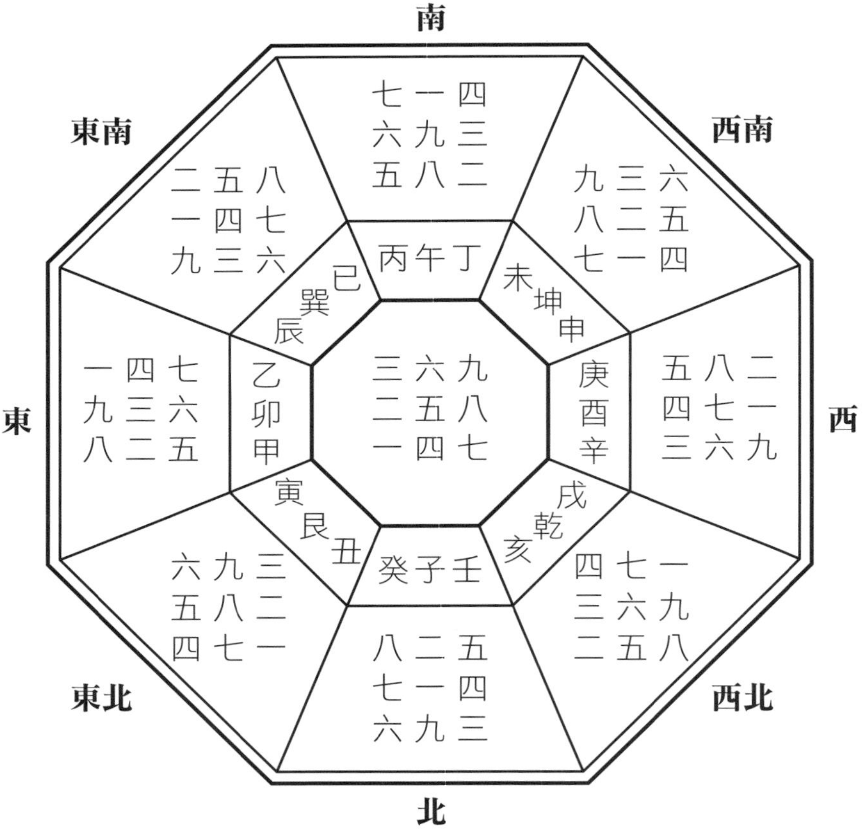

紫白年星入中飛星圖

（繼大師作圖）

流年九星表　上元一白入中 1864 年及 2044 年　中元四綠入中 1924 年
下元七赤入中 1984 年

甲子	一 1864	四 1924	七 1984	一 2044
乙丑	九 1865	三 1925	六 1985	九 2045
丙寅	八 1866	二 1926	五 1986	八 2046
丁卯	七 1867	一 1927	四 1987	七 2047
戊辰	六 1868	九 1928	三 1988	六 2048
己巳	五 1869	八 1929	二 1989	五 2049
庚午	四 1870	七 1930	一 1990	四 2050
辛未	三 1871	六 1931	九 1991	三 2051
壬申	二 1872	五 1932	八 1992	二 2052

癸酉	一 1873	四 1933	七 1993	一 2053
甲戌	九 1874	三 1934	六 1994	九 2054
乙亥	八 1875	二 1935	五 1995	八 2055
丙子	七 1876	一 1936	四 1996	七 2056
丁丑	六 1877	九 1937	三 1997	六 2057
戊寅	五 1878	八 1938	二 1998	五 2058
己卯	四 1879	七 1939	一 1999	四 2059
庚辰	三 1880	六 1940	九 2000	三 2060
辛巳	二 1881	五 1941	八 2001	二 2061

一 2062	七 2002	四 1942	一 1882	壬午
九 2063	六 2003	三 1943	九 1883	癸未
八 2064	五 2004	二 1944	八 1884	甲申
七 2065	四 2005	一 1945	七 1885	乙酉
六 2066	三 2006	九 1946	六 1886	丙戌
五 2067	二 2007	八 1947	五 1887	丁亥
四 2068	一 2008	七 1948	四 1888	戊子
三 2069	九 2009	六 1949	三 1889	己丑
二 2070	八 2010	五 1950	二 1890	庚寅

一 2071	七 2011	四 1951	一 1891	辛卯
九 2072	六 2012	三 1952	九 1892	壬辰
八 2073	五 2013	二 1953	八 1893	癸巳
七 2074	四 2014	一 1954	七 1894	甲午
六 2075	三 2015	九 1955	六 1895	乙未
五 2076	二 2016	八 1956	五 1896	丙申
四 2077	一 2017	七 1957	四 1897	丁酉
三 2078	九 2018	六 1958	三 1898	戊戌
二 2079	八 2019	五 1959	二 1899	己亥

一 2080	七 2020	四 1960	一 1900	**庚子**
九 2081	六 2021	三 1961	九 1901	**辛丑**
八 2082	五 2022	二 1962	八 1902	**壬寅**
七 2083	四 2023	一 1963	七 1903	**癸卯**
六 2084	三 2024	九 1964	六 1904	**甲辰**
五 2085	二 2025	八 1965	五 1905	**乙巳**
四 2086	一 2026	七 1966	四 1906	**丙午**
三 2087	九 2027	六 1967	三 1907	**丁未**
二 2088	八 2028	五 1968	二 1908	**戊申**

一 2089	七 2029	四 1969	一 1909	**己酉**
九 2090	六 2030	三 1970	九 1910	**庚戌**
八 2091	五 2031	二 1971	八 1911	**辛亥**
七 2092	四 2032	一 1972	七 1912	**壬子**
六 2093	三 2033	九 1973	六 1913	**癸丑**
五 2094	二 2034	八 1974	五 1914	**甲寅**
四 2095	一 2035	七 1975	四 1915	**乙卯**
三 2096	九 2036	六 1976	三 1916	**丙辰**
二 2097	八 2037	五 1977	二 1917	**丁巳**

（繼大師作圖）

戊午	一 1918	四 1978	七 2038	一 2098
己未	九 1919	三 1979	六 2039	九 2099
庚申	八 1920	二 1980	五 2040	八 2100
辛酉	七 1921	一 1981	四 2041	七 2101
壬戌	六 1922	九 1982	三 2042	六 2102
癸亥	五 1923	八 1983	二 2043	五 2103

《本篇完》

（三）紫白年星入中速算法——雙棍打狗法

繼大師

流年紫白飛星入中之求法，除以傳統**「上元甲子一白求、中元四綠甲子遊及下元七赤兑上發」**之求法外，恩師　呂克明先生曾傳筆者繼大師一法，此法求紫白年星入中，是一等一之快，此法名：

「雙棍打狗法」（狗即九也）

現公開秘法如下：

我們只要知道該流年紫白入中之年，其所屬西元之年份，便可求知，其方法如下：

例如求一九九六年屬紫白何星入中，即以一九九六之數排出，逢有九數則去之，一九九六去了兩個九數，餘一及六，將一加上六是七數，用雙棍減之，雙棍即十一也，十一減七數等於四，即是：

一九九六年是紫白年星四綠入中宮。

若求一九九九年之紫白入中年星，則除去三個九數，餘一數，用雙棍減之，即十一減一等於十，若逢十即作一算，答案是：

一九九九年是紫白星一白入中宮。

假若在西元年中是九九九九年（假設所求之年份）則去了三個九，餘下一個九，用十一減九等於二，即：

西元九九九九年是紫白年星二黑入中宮。

若求二〇〇〇年之紫白年星，則逢〇去之，除去三個〇，餘數二，將十一減去二等於九，即是九紫白年星入中。

若是西元二〇〇九年，則逢〇及九去之，餘數二，用十一減之，十一減二等於九，即二〇〇九年是九紫白年星入中。

另外若在西元二〇一八年，則是二加上一再加八，但這一加八等於九，此九數亦可去之，再用十一減二等於九，即此年是九紫紫白年星入中。

雙棍打九法，其原則是：

（一）逢九與〇去之，餘數各自相加，如餘數是九，則保留最後的一個九數，用十一減九，等於二數。

（二）每個少於九數之數各自相加。若相加後是十一數，則作一加一算，等於二數。

（個位一數，加十位之一數。）

（三）所得餘數再用十一之基數減之，得出之數，便是該流年紫白入中之星。

繼大師現設計一表，可從表中了解其運算法，繼而求得流年之紫白九星，是何星入中。

西元年份	逢九及〇數去之	餘數相加後用11減	年星入中
1996	1+6	11-7=4	4
1997	1+7	11-8=3	3
1998	1+8	11-9=2	2
1999	1	11-1=10 (逢10作1算)	1
2000	2	11-2=9	9
2001	2+1	11-3=8	8
2002	2+2	11-4=7	7
2003	2+3	11-5=6	6
2004	2+4	11-6=5	5
2005	2+5	11-7=4	4
2006	2+6	11-8=3	3
2007	2+7	11-9=2	2
2008	2+8	11-10=1	1
2009	2	11-2=9	9
2010	2+1	11-3=8	8
2011	2+1+1	11-4=7	7
2012	2+1+2	11-5=6	6
2013	2+1+3	11-6=5	5
2014	2+1+4	11-7=4	4
2015	2+1+5	11-8=3	3
2016	2+1+6	11-9=2	2
2017	2+1+7	11-10=1	1
2018	2(1+8=9, 9亦去之)	11-2=9	9
2019	2+1	11-3=8	8
2020	2+2	11-4=7	7

《本篇完》

（四）紫白月星之尋法——紫白月星原理

繼大師

我們得知紫白年星入中後，再配合流年紫白月星在每月飛臨各方宮位同看，兩組紫白飛星加臨相遇而作出吉凶之推斷。

其法以十二年中的不同地支作三元之排列，即：

上元——子、午、卯、酉年以八白入中宮，順飛九宮各方位，每月逆行而排，即是：

寅月——**八白**入中順飛九宮各方位
卯月——**七赤**入中順飛九宮各方位
辰月——**六白**入中順飛九宮各方位
巳月——**五黃**入中順飛九宮各方位
午月——**四綠**入中順飛九宮各方位
未月——**三碧**入中順飛九宮各方位
申月——**二黑**入中順飛九宮各方位
酉月——**一白**入中順飛九宮各方位
戌月——**九紫**入中順飛九宮各方位

亥月——**八白**入中順飛九宮各方位
子月——**七赤**入中順飛九宮各方位
丑月——**六白**入中順飛九宮各方位

從每月紫白飛星入中宮之數，依九宮順飛，便可得知每月在各方位之紫白月星是何星之數，例如在二〇一四年干支是甲午年，在亥月，方位是兌宮，則在子、午、卯、酉年八白月星入中，每月逆數而行，寅月八白，卯月七赤，辰月六白，巳月五黃，午月四綠，未月三碧，申月二黑，酉月一白，戌月九紫，亥月八白，找到在亥月八白入中後，依洛書數順飛，則在亥月是九紫到乾宮，一白到兌宮。

在二〇一四年甲午年是紫白年星四入中，依洛書數順飛，則五黃到乾宮，六白到兌宮，這樣，在二〇一四年甲午年乙亥月是：

年星六白到兌宮
月星一白到兌宮

兩吉星一、六同到兌宮，再使用正五行擇日法配合兌宮之庚、酉、辛山，任擇其一山，配合祭主人命而擇日選方修山、立向、安碑、及修方等，無不大吉。

現附上流月紫白飛星在上元子、午、卯、酉年在十二個月中之入中圖表，以供參考。

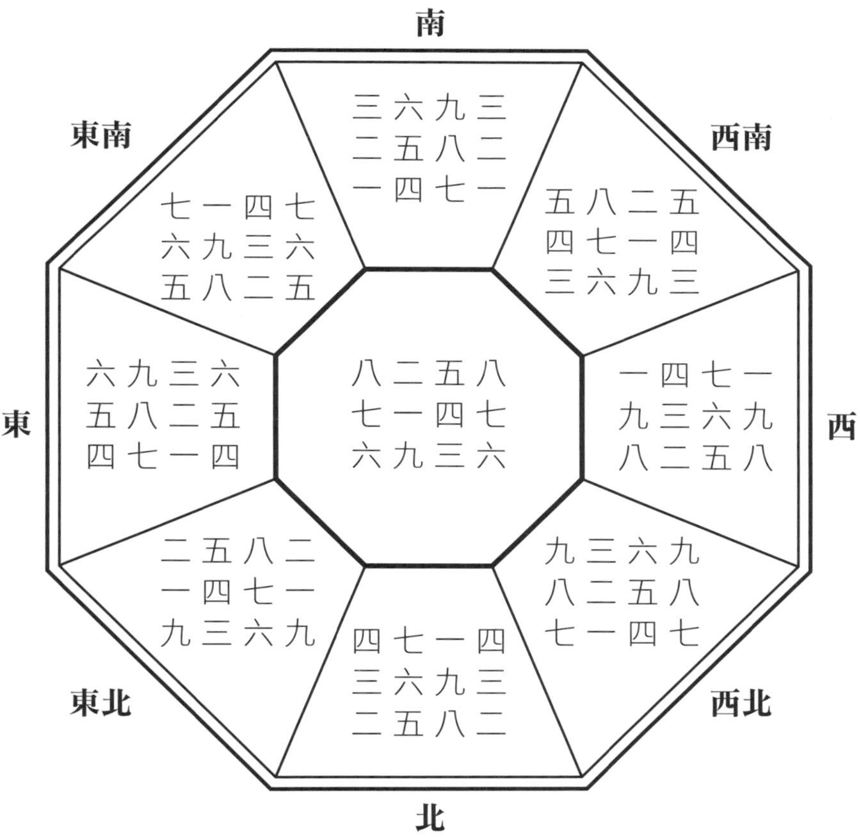

流月紫白飛星
逢子午卯酉年
寅月八白入中宮

八亥	二申	五巳	八寅
七子	一酉	四午	七卯
六丑	九戌	三未	六辰

（繼大師作圖）

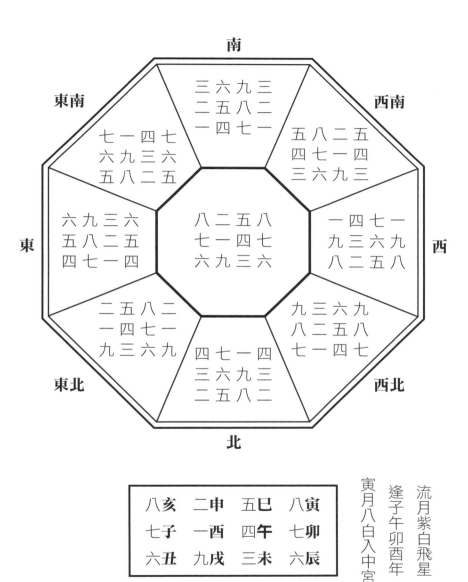

中元——辰、戌、丑、未年在寅月以五黃入中宮，順飛九宮各方位，每月逆行而排，即是：

寅月——**五黃**入中順飛九宮各方位

卯月——**四綠**入中順飛九宮各方位

辰月——**三碧**入中順飛九宮各方位

巳月——**二黑**入中順飛九宮各方位

午月——**一白**入中順飛九宮各方位

未月——**九紫**入中順飛九宮各方位

申月——**八白**入中順飛九宮各方位

酉月——**七赤**入中順飛九宮各方位

戌月——**六白**入中順飛九宮各方位

亥月——**五黃**入中順飛九宮各方位

子月——**四綠**入中順飛九宮各方位

丑月——**三碧**入中順飛九宮各方位

例如在二〇〇六年丙戌年戌月在震宮（甲、卯、乙山），求其年、月紫白星臨宮。

查二〇〇六年丙戌年紫白年星是三碧入中宮，四綠到乾宮，五黃到兑宮，六白到艮宮，七赤到離宮，八白到坎宮，九紫到坤宮，一白到震宮。

查丙戌年戌月，則屬中元辰、戌、丑、未年之紫白月星，在寅月以五黃入中宮，五黃到寅月，四綠到卯月，三碧到辰月，二黑到巳月，一白到午月，九紫到未月，八白到申月，七赤到酉月，六白到戌月，即：

在丙戌年戌月六白入中宮，順數飛臨，七赤到乾宮，八白到兑宮，九紫到艮宮，一白到離宮，二黑到坎宮，三碧到坤宮，四綠到震宮，這樣在二〇〇六年丙戌戌月是：

年星一白到震宮

月星四綠到震宮

兩吉星是一、四到震宮，而元末無着大士著之《紫白原本錄要》有云：

「四一同宮。準發科名之顯。」

這一白是官星，四綠是文昌星，如配合巒頭功夫，例如在陰宅有一真龍吉穴，在震方有文筆峰或筆架峰，則配合一、四紫白飛星加臨，再配合吉穴坐山線度，即可推算此穴後代年命之尅應，定可得知此年此月何人可以發功名，而陰陽宅之推算，其原理一樣，但以巒頭為主，理氣定時運之吉凶，再配合紫白而推斷所發生之事也。

現附上流月紫白飛星在中元辰、戌、丑、未年在十二個月中之入中圖表，以供參考。

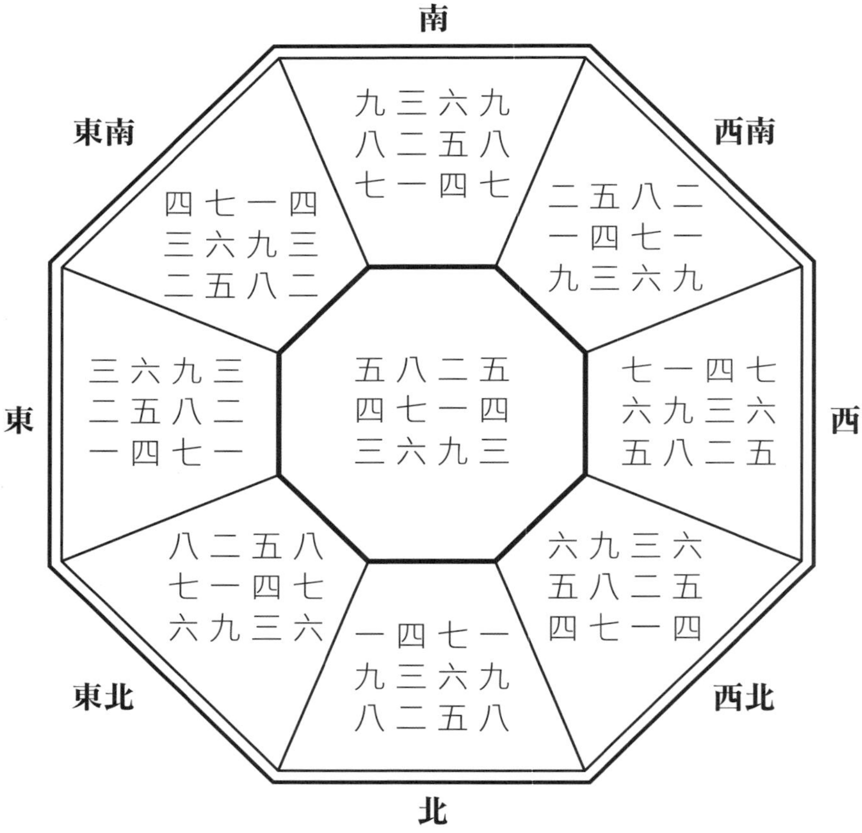

流月紫白飛星
逢辰戌丑未年
寅月五黃入中宮

五**亥**	八**申**	二**巳**	五**寅**
四**子**	七**酉**	一**午**	四**卯**
三**丑**	六**戌**	九**未**	三**辰**

（繼大師作圖）

下元——寅、申、巳、亥年在寅月以二黑入中宮，順飛九宮各方位，每月逆行而排，即是：

寅月——**二黑**入中順飛九宮各方位
卯月——**一白**入中順飛九宮各方位
辰月——**九紫**入中順飛九宮各方位
巳月——**八白**入中順飛九宮各方位
午月——**七赤**入中順飛九宮各方位
未月——**六白**入中順飛九宮各方位
申月——**五黃**入中順飛九宮各方位
酉月——**四綠**入中順飛九宮各方位
戌月——**三碧**入中順飛九宮各方位
亥月——**二黑**入中順飛九宮各方位
子月——**一白**入中順飛九宮各方位
丑月——**九紫**入中順飛九宮各方位

例如在二〇〇四年甲申年申月在中宮，求其年、月紫白星臨宮。
查二一〇〇四年甲申年紫白年星是五黃入中宮。

查二〇〇四年甲申年壬申月，屬下元寅、申、巳、亥年之紫白月星，在寅月以二黑入中宮，紫白月星二黑到寅月，逆排則一白到卯月，九紫到辰月，八白到巳月，七赤到午月，六白到未月，五黃到申月，即在申月是五黃入中宮，即是：

年星五黃入中宮

月星五黃入中宮

兩紫白均是五黃凶星，五黃是廉貞，是凶星，所以在二〇〇四年甲申年壬申月不宜在中宮動土修造，若遇二黑，即如《**紫白原本錄要**》云：

「二五交加而損主。亦且重病。」

其註解云：

「二黑是病符。五黃是廉貞。故主死病。經曰。五主孕婦受災。黃遇黑時寡婦出。二主宅母多痾。黑逢黃至出鰥夫。」

所以修造切忌犯紫白凶星臨宮。

現附上流月紫白飛星在下元寅、申、巳、亥年內十二個月中之入中圖表，以供參考。

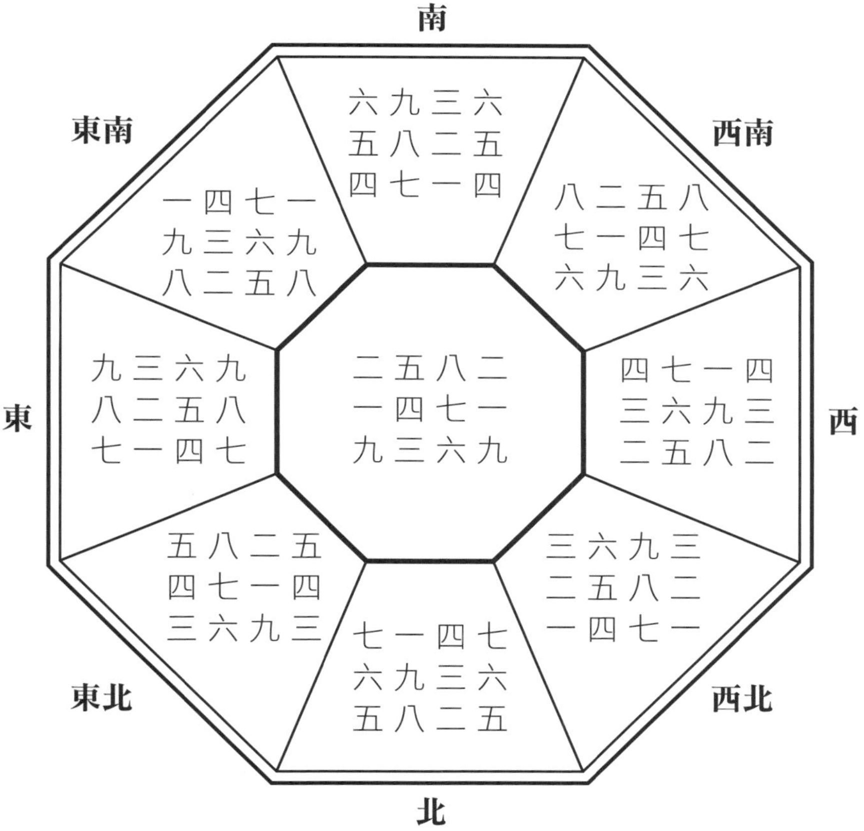

流月紫白飛星
逢寅申巳亥年
寅月二黑入中宮

二**亥**	五**申**	八**巳**	二**寅**
一**子**	四**酉**	七**午**	一**卯**
九**丑**	三**戌**	六**未**	九**辰**

（繼大師作圖）

紫白月星入中表（繼大師作圖）

農曆月份	上元子午卯酉年	中元辰戌丑未年	下元寅申巳亥年
正	八	五	二
二	七	四	一
三	六	三	九
四	五	二	八
五	四	一	七
六	三	九	六
七	二	八	五
八	一	七	四
九	九	六	三
十	八	五	二
十一	七	四	一
十二	六	三	九

《本篇完》

（五）紫白日星之尋法 ── 紫白日星原理

繼大師

紫白日星在每年各日中之飛臨，其原理及方法，筆者繼大師詳述如下：

陽遁 ── 最近冬至之甲子日起，後推一百八十日。

以地球環繞太陽運行計算，地球在冬至中氣日開始，約每年陽曆之十二月廿一至廿三日左右，通常是十二月廿二日冬至，是地球全年中北半球受日光最少之一日，之後，地球之北半球便逐日增加受日光之時間，所以，以最近冬至之甲子日開始，有時在冬至日之前，或在冬至日之後出現，由該甲子日後數一百八十日，以一個六十花甲為一元，共有上、中、下三元，以紫白九星順排，即陽遁也，而紫白日星以六十日為一元，其原理如下：

上元 ── 取近冬至日前後所出現之甲子日至癸亥日為上元。

中元 ── 接着上元的甲子六十日是為中元，即近雨水前後所出現之甲子日至癸亥日。

下元 ── 接着中元的甲子六十日是為下元，即近谷雨前後所出現之甲子日至癸亥日。

由於冬至後地球每日所受陽光之時間便逐日增加，是謂：「冬至一陽生」，卦象是地雷復卦，故此在最近冬至日前後之甲子日開始後一百八十日之三個六十花甲（上、中、下三元）中，以紫白九星陽遁順飛（以冬至後為陽遁）。

例如在二〇〇二年（壬午年）之陽曆十二月廿二日是冬至日，剛巧亦是甲子日，是陽遁上元紫白日星開始計算之日，從紫白之一白星排起，並以陽遁逐日順排九紫紫白日星，即在壬午年年之：

十二月廿二日——甲子日——紫白日星**一白**到中宮
十二月廿三日——乙丑日——紫白日星**二黑**到中宮
十二月廿四日——丙寅日——紫白日星**三碧**到中宮
十二月廿五日——丁卯日——紫白日星**四綠**到中宮
十二月廿六日——戊辰日——紫白日星**五黃**到中宮
十二月廿七日——己巳日——紫白日星**六白**到中宮
十二月廿八日——庚午日——紫白日星**七赤**到中宮
十二月廿九日——辛未日——紫白日星**八白**到中宮
十二月三十日——壬申日——紫白日星**九星**到中宮

上元甲子之六十日，由二〇〇二年（壬午年）十二月廿二日開始至次年二〇〇三年陽曆之二月十九日（癸亥日）止，其紫白日星之每日飛臨表如下：

陽遁上元紫白日星表（繼大師作表）

一	甲子	二	甲戌	三	甲申	四	甲午	五	甲辰	六	甲寅
二	乙丑	三	乙亥	四	乙酉	五	乙未	六	乙巳	七	乙卯
三	丙寅	四	丙子	五	丙戌	六	丙申	七	丙午	八	丙辰
四	丁卯	五	丁丑	六	丁亥	七	丁酉	八	丁未	九	丁巳
五	戊辰	六	戊寅	七	戊子	八	戊戌	九	戊申	一	戊午
六	己巳	七	己卯	八	己丑	九	己亥	一	己酉	二	己未
七	庚午	八	庚辰	九	庚寅	一	庚子	二	庚戌	三	庚申
八	辛未	九	辛巳	一	辛卯	二	辛丑	三	辛亥	四	辛酉
九	壬申	一	壬午	二	壬辰	三	壬寅	四	壬子	五	壬戌
一	癸酉	二	癸未	三	癸巳	四	癸卯	五	癸丑	六	癸亥

二〇〇二年（壬午年）冬至前後之甲子日至癸亥日（上元）萬年曆表

歲次　壬午　西曆二〇〇二年　肖馬

十二月小				十一月大				月別
癸丑				壬子				干支
十八		初四		十九		初四		節氣
19時33分	大寒戌時	2時15分	小寒丑時	8時55分	冬至辰時	15時6分	大雪申時	
干支國曆				干支國曆				農曆
1	3	丙子	（四）					初一
1	4	丁丑	（五）					初二
1	5	戊寅	（六）					初三
1	6	**己卯**	（七）					初四
1	7	庚辰	（八）					初五
1	8	辛巳	（九）					初六
1	9	壬午	（一）					初七
1	10	癸未	（二）					初八
1	11	甲申	（三）					初九
1	12	乙酉	（四）					初十
1	13	丙戌	（五）					十一
1	14	丁亥	（六）					十二
1	15	戊子	（七）					十三
1	16	己丑	（八）					十四
1	17	庚寅	（九）					十五

歲次 壬午 西曆二〇〇二年 肖馬

十二月小		十一月大		月別
癸丑		壬子		干支
十八 大寒戌時 19時33分	初四 小寒丑時 2時15分	十九 冬至辰時 8時55分	初四 大雪申時 15時6分	節氣
干支國曆		干支國曆		農曆
1	18 辛卯 (一)			十六
1	19 壬辰 (二)			十七
1	20 癸巳 (三)			十八
1	21 甲午 (四)	12	22 甲子 (一白)	十九
1	22 乙未 (五)	12	23 乙丑 (二黑)	二十
1	23 丙申 (六)	12	24 丙寅 (三碧)	廿一
1	24 丁酉 (七)	12	25 丁卯 (四綠)	廿二
1	25 戊戌 (八)	12	26 戊辰 (五黃)	廿三
1	26 己亥 (九)	12	27 己巳 (六白)	廿四
1	27 庚子 (一)	12	28 庚午 (七赤)	廿五
1	28 辛丑 (二)	12	29 辛未 (八白)	廿六
1	29 壬寅 (三)	12	30 壬申 (九紫)	廿七
1	30 癸卯 (四)	12	31 癸酉 (一)	廿八
1	31 甲辰 (五)	1	1 甲戌 (二)	廿九
		1	2 乙亥 (三)	三十

歲次 癸未 西曆二〇〇三年 肖羊

月別	正月大			
干支	甲寅			
節氣	初四		十九	
	立春未時	13時57分	雨水巳時	9時50分

農曆	干支國曆			
初一	2	1	乙巳	（六）
初二	2	2	丙午	（七）
初三	2	3	丁未	（八）
初四	2	4	**戊申**	（九）
初五	2	5	己酉	（一）
初六	2	6	庚戌	（二）
初七	2	7	辛亥	（三）
初八	2	8	壬子	（四）
初九	2	9	癸丑	（五）
初十	2	10	甲寅	（六）
十一	2	11	乙卯	（七）
十二	2	12	丙辰	（八）
十三	2	13	丁巳	（九）
十四	2	14	戊午	（一）
十五	2	15	己未	（二）

月別	正月大			
干支	甲寅			
節氣	初四		十九	
	立春未時	13時57分	雨水巳時	9時50分

農曆	干支國曆			
十六	2	16	庚申	（三）
十七	2	17	辛酉	（四）
十八	2	18	壬戌	（五）
十九	2	19	癸亥	（六）

中元甲子之六十花甲日，即二〇〇三年（癸未年）陽曆二月廿日（甲子日）至四月廿日（癸亥日）止，其紫白日星以陽遁而逐日順飛，即是：

二月二十日——甲子日——紫白日星**七赤**到中宮

二月廿一日——乙丑日——紫白日星**八白**到中宮

二月廿二日——丙寅日——紫白日星**九紫**到中宮

二月廿三日——丁卯日——紫白日星**一白**到中宮

二月廿四日——戊辰日——紫白日星**二黑**到中宮

二月廿五日——己巳日——紫白日星**三碧**到中宮

二月廿六日——庚午日——紫白日星**四綠**到中宮

二月廿七日——辛未日——紫白日星**五黃**到中宮

二月廿八日——壬申日——紫白日星**六白**到中宮

中元甲子以七赤起順飛各甲子六十日，即二〇〇三年癸未年雨水前後之甲子日起。

列表如下：

陽遁中元紫白日星表（繼大師作表）

甲子	七	甲戌	八	甲申	九	甲午	一	甲辰	二	甲寅	三
乙丑	八	乙亥	九	乙酉	一	乙未	二	乙巳	三	乙卯	四
丙寅	九	丙子	一	丙戌	二	丙申	三	丙午	四	丙辰	五
丁卯	一	丁丑	二	丁亥	三	丁酉	四	丁未	五	丁巳	六
戊辰	二	戊寅	三	戊子	四	戊戌	五	戊申	六	戊午	七
己巳	三	己卯	四	己丑	五	己亥	六	己酉	七	己未	八
庚午	四	庚辰	五	庚寅	六	庚子	七	庚戌	八	庚申	九
辛未	五	辛巳	六	辛卯	七	辛丑	八	辛亥	九	辛酉	一
壬申	六	壬午	七	壬辰	八	壬寅	九	壬子	一	壬戌	二
癸酉	七	癸未	八	癸巳	九	癸卯	一	癸丑	二	癸亥	三

二〇〇三年（癸未年）雨水前後之甲子日至癸亥日（中元）萬年曆表

歲次　癸未　西曆二〇〇三年　肖羊

三月小		二月大		正月大		月別
丙辰		乙卯		甲寅		干支
十九	初四	十九	初四	十九	初四	節氣
穀雨戌時 20時22分	清明未時 13時10分	春分巳時 9時3分	驚蟄辰時 8時7分	雨水巳時 9時50分	立春未時 13時57分	
干支國曆		干支國曆		干支國曆		農曆
4	2 乙巳（三）	3	3 乙亥（九）			初一
4	3 丙午（四）	3	4 丙子（一）			初二
4	4 丁未（五）	3	5 丁丑（二）			初三
4	5 **戊申**（六）	3	6 **戊寅**（三）			初四
4	6 己酉（七）	3	7 己卯（四）			初五
4	7 庚戌（八）	3	8 庚辰（五）			初六
4	8 辛亥（九）	3	9 辛巳（六）			初七
4	9 壬子（一）	3	10 壬午（七）			初八
4	10 癸丑（二）	3	11 癸未（八）			初九
4	11 甲寅（三）	3	12 甲申（九）			初十
4	12 乙卯（四）	3	13 乙酉（一）			十一
4	13 丙辰（五）	3	14 丙戌（二）			十二
4	14 丁巳（六）	3	15 丁亥（三）			十三
4	15 戊午（七）	3	16 戊子（四）			十四
4	16 己未（八）	3	17 己丑（五）			十五

三月小		二月大		正月大		月別
丙辰		乙卯		甲寅		干支
十九	初四	十九	初四	十九	初四	
穀雨戌時 20時22分	清明未時 13時10分	春分巳時 9時3分	驚蟄辰時 8時7分	雨水巳時 9時50分	立春未時 13時57分	節氣
干支國曆		干支國曆		干支國曆		農曆
4	17 庚申（九）	3	18 庚寅（六）			十六
4	18 辛酉（一）	3	19 辛卯（七）			十七
4	19 壬戌（二）	3	20 壬辰（八）			十八
4	20 癸亥（三）	3	21 癸巳（九）			十九
		3	22 甲午（一）	2	20 甲子（七赤）	二十
		3	23 乙未（二）	2	21 乙丑（八白）	廿一
		3	24 丙申（三）	2	22 丙寅（九紫）	廿二
		3	25 丁酉（四）	2	23 丁卯（一白）	廿三
		3	26 戊戌（五）	2	24 戊辰（二黑）	廿四
		3	27 己亥（六）	2	25 己巳（三碧）	廿五
		3	28 庚子（七）	2	26 庚午（四綠）	廿六
		3	29 辛丑（八）	2	27 辛未（五黃）	廿七
		3	30 壬寅（九）	2	28 壬申（六白）	廿八
		3	31 癸卯（一）	3	1 癸酉（七赤）	廿九
		4	1 甲辰（二）	3	2 甲戌（八）	三十

歲次 癸未 西曆二〇〇三年 肖羊

下元甲子之六十日，由二〇〇三年（癸未年）陽曆四月廿一日（甲子日）至六月十九日（癸亥日）止，其紫白星以陽遁順飛，即是：

四月廿一日——甲子日——紫白日星**四綠**到中宮
四月廿二日——乙丑日——紫白日星**五黃**到中宮
四月廿三日——丙寅日——紫白日星**六白**到中宮
四月廿四日——丁卯日——紫白日星**七赤**到中宮
四月廿五日——戊辰日——紫白日星**八白**到中宮
四月廿六日——己巳日——紫白日星**九紫**到中宮
四月廿七日——庚午日——紫白日星**一白**到中宮
四月廿八日——辛未日——紫白日星**二黑**到中宮
四月廿九日——壬申日——紫白日星**三碧**到中宮

下元甲子以四綠起順飛各宮甲子六十日，即谷雨前後之甲子日起。

列表如下：

二〇〇三年（癸未年）谷雨前後之甲子日至癸亥日（下元）萬年曆表

歲次　癸未　西曆二〇〇三年　肖羊

五月大		四月大		三月小		月別
戊午		丁巳		丙辰		干支
廿三	初七	廿一	初六	十九	初四	節氣
夏至寅時 3時50分	芒種午時 11時6分	小滿戌時 19時44分	立夏卯時 6時44分	穀雨戌時 20時22分	清明未時 13時10分	
干支國曆		干支國曆		干支國曆		農曆
5	31甲辰（八）	5	1 甲戌（五）			初一
6	1 乙巳（九）	5	2 乙亥（六）			初二
6	2 丙午（一）	5	3 丙子（七）			初三
6	3 丁未（二）	5	4 丁丑（八）			初四
6	4 戊申（三）	5	5 戊寅（九）			初五
6	5 己酉（四）	5	6 **己卯**（一）			初六
6	6 **庚戌**（五）	5	7 庚辰（二）			初七
6	7 辛亥（六）	5	8 辛巳（三）			初八
6	8 壬子（七）	5	9 壬午（四）			初九
6	9 癸丑（八）	5	10癸未（五）			初十
6	10甲寅（九）	5	11甲申（六）			十一
6	11乙卯（一）	5	12乙酉（七）			十二
6	12丙辰（二）	5	13丙戌（八）			十三
6	13丁巳（三）	5	14丁亥（九）			十四
6	14戊午（四）	5	15戊子（一）			十五

五月大		四月大		三月小		月別
戊午		丁巳		丙辰		干支
廿三	初七	廿一	初六	十九	初四	節氣
3時50分 夏至寅時	11時6分 芒種午時	19時44分 小滿戌時	6時44分 立夏卯時	20時22分 穀雨戌時	13時10分 清明未時	
干支國曆		干支國曆		干支國曆		農曆
6	15 己未（五）	5	16 己丑（二）			十六
6	16 庚申（六）	5	17 庚寅（三）			十七
6	17 辛酉（七）	5	18 辛卯（四）			十八
6	18 壬戌（八）	5	19 壬辰（五）			十九
6	19 癸亥（九）	5	20 癸巳（六）	4	21 甲子（四綠）	二十
		5	21 甲午（七）	4	22 乙丑（五黃）	廿一
		5	22 乙未（八）	4	23 丙寅（六白）	廿二
		5	23 丙申（九）	4	24 丁卯（七赤）	廿三
		5	24 丁酉（一）	4	25 戊辰（八白）	廿四
		5	25 戊戌（二）	4	26 己巳（九紫）	廿五
		5	26 己亥（三）	4	27 庚午（一白）	廿六
		5	27 庚子（四）	4	28 辛未（二黑）	廿七
		5	28 辛丑（五）	4	29 壬申（三碧）	廿八
		5	29 壬寅（六）	4	30 癸酉（四）	廿九
		5	30 癸卯（七）			三十

陽遁下元紫白日星表（繼大師作表）

甲寅	九	甲辰	八	甲午	七	甲申	六	甲戌	五	甲子	四
乙卯	一	乙巳	九	乙未	八	乙酉	七	乙亥	六	乙丑	五
丙辰	二	丙午	一	丙申	九	丙戌	八	丙子	七	丙寅	六
丁巳	三	丁未	二	丁酉	一	丁亥	九	丁丑	八	丁卯	七
戊午	四	戊申	三	戊戌	二	戊子	一	戊寅	九	戊辰	八
己未	五	己酉	四	己亥	三	己丑	二	己卯	一	己巳	九
庚申	六	庚戌	五	庚子	四	庚寅	三	庚辰	二	庚午	一
辛酉	七	辛亥	六	辛丑	五	辛卯	四	辛巳	三	辛未	二
壬戌	八	壬子	七	壬寅	六	壬辰	五	壬午	四	壬申	三
癸亥	九	癸丑	八	癸卯	七	癸巳	六	癸未	五	癸酉	四

陰遁 ── 最近夏至之甲子日起，後推一百八十日。

正當地球環繞太陽運行時，當到夏至中氣日後，地球之北半球所受日光是全年中最長之一日，之後，地球之北半球便逐日減少受日光之時間，所以，以最近夏至之甲子日開始，有時在夏至日之前，或在夏至日之後出現，由該甲子日後數一百八十日，以一個六十花甲日為一元，共有上、中、下三元，以紫白九星逆排，是陰遁逆飛各九宮，以夏至後為陰遁。

紫白日星以六十日為一元，其原理如下：

上元 ── 取近夏至日前後所出現之甲子日至癸亥日為上元

中元 ── 接着上元的甲子六十日為中元，即近處暑前後所出現之甲子日至癸亥日。

下元 ── 接着中元的甲子六十日為下元，即近霜降前後所出現之甲子日至癸亥日。

由於夏至後地球每日所受陽光之時間逐日減少，是謂：**「夏至一陰生」**，卦象是天風姤卦，故此在最近夏至日前後之甲子日開始後一百八十日之三個六十花甲（上、中、下三元）中，以紫白九星陰遁逆飛（以夏至後為陰遁）。

例如在二〇〇三年（癸未年）之陽曆六月廿二日是夏至日，最近之甲子日在六月廿日，為陰遁上元紫白日星開始計算之日，從九紫星排起，以陰遁逐日逆排紫白日星，即在癸未年之：

六月二十日——甲子日——紫白日星**九紫**到

六月廿一日——乙丑日——紫白日星**八白**到

六月廿二日——丙寅日——紫白日星**七赤**到

六月廿三日——丁卯日——紫白日星**六白**到

六月廿四日——戊辰日——紫白日星**五黃**到

六月廿五日——己巳日——紫白日星**四綠**到

六月廿六日——庚午日——紫白日星**三碧**到

六月廿七日——辛未日——紫白日星**二黑**到

六月廿八日——壬申日——紫白日星**一白**到

夏至後之陰遁上元甲子至癸亥六十日，在二〇〇三年（癸未年）是陽曆六月廿日至八月十八日止，其紫白日星之每日飛臨表如下：

陰遁上元紫白日星表（繼大師作表）

甲寅	四	甲辰	五	甲午	六	甲申	七	甲戌	八	甲子	九
乙卯	三	乙巳	四	乙未	五	乙酉	六	乙亥	七	乙丑	八
丙辰	二	丙午	三	丙申	四	丙戌	五	丙子	六	丙寅	七
丁巳	一	丁未	二	丁酉	三	丁亥	四	丁丑	五	丁卯	六
戊午	九	戊申	一	戊戌	二	戊子	三	戊寅	四	戊辰	五
己未	八	己酉	九	己亥	一	己丑	二	己卯	三	己巳	四
庚申	七	庚戌	八	庚子	九	庚寅	一	庚辰	二	庚午	三
辛酉	六	辛亥	七	辛丑	八	辛卯	九	辛巳	一	辛未	二
壬戌	五	壬子	六	壬寅	七	壬辰	八	壬午	九	壬申	一
癸亥	四	癸丑	五	癸卯	六	癸巳	七	癸未	八	癸酉	九

二〇〇三年（癸未年）夏至前後之甲子日至癸亥日（上元）萬年曆表

歲次　癸未　西曆二〇〇三年　肖羊

七月大		六月小		五月大		月別
庚申		己未		戊午		干支
廿六	十一	廿四	初八	廿三	初七	節氣
處暑亥時 21時39分	立秋辰時 7時12分	大暑未時 14時43分	小暑亥時 21時29分	夏至寅時 3時50分	芒種午時 11時6分	
干支國曆		干支國曆		干支國曆		農曆
7	29 癸卯（六）	6	30 甲戌（八）			初一
7	30 甲辰（五）	7	1 乙亥（七）			初二
7	31 乙巳（四）	7	2 丙子（六）			初三
8	1 丙午（三）	7	3 丁丑（五）			初四
8	2 丁未（二）	7	4 戊寅（四）			初五
8	3 戊申（一）	7	5 己卯（三）			初六
8	4 己酉（九）	7	6 庚辰（二）			初七
8	5 庚戌（八）	7	7 **辛巳**（一）			初八
8	6 辛亥（七）	7	8 壬午（九）			初九
8	7 壬子（六）	7	9 癸未（八）			初十
8	8 **癸丑**（五）	7	10 甲申（七）			十一
8	9 甲寅（四）	7	11 乙酉（六）			十二
8	10 乙卯（三）	7	12 丙戌（五）			十三
8	11 丙辰（二）	7	13 丁亥（四）			十四
8	12 丁巳（一）	7	14 戊子（三）			十五

七月大		六月小		五月大		月別
庚申		己未		戊午		干支
廿六	十一	廿四	初八	廿三	初七	
21時39分 處暑亥時	7時12分 立秋辰時	14時43分 大暑未時	21時29分 小暑亥時	3時50分 夏至寅時	11時6分 芒種午時	節氣
干支國曆		干支國曆		干支國曆		農曆
8	13 戊午（九）	7	15 己丑（二）			十六
8	14 己未（八）	7	16 庚寅（一）			十七
8	15 庚申（七）	7	17 辛卯（九）			十八
8	16 辛酉（六）	7	18 壬辰（八）			十九
8	17 壬戌（五）	7	19 癸巳（七）			二十
8	18 癸亥（四）	7	20 甲午（六）	6	20 甲子（九紫）	廿一
		7	21 乙未（五）	6	21 乙丑（八白）	廿二
		7	22 丙申（四）	6	22 丙寅（七赤）	廿三
		7	23 丁酉（三）	6	23 丁卯（六白）	廿四
		7	24 戊戌（二）	6	24 戊辰（五黃）	廿五
		7	25 己亥（一）	6	25 己巳（四綠）	廿六
		7	26 庚子（九）	6	26 庚午（三碧）	廿七
		7	27 辛丑（八）	6	27 辛未（二黑）	廿八
		7	28 壬寅（七）	6	28 壬申（一白）	廿九
				6	29 癸酉（九）	三十

中元甲子之六十花甲日，即二〇〇三年（癸未年）陽曆八月十九日（甲子日）至十月十七日（癸亥日）止，其紫白日星以陰遁而逐日逆飛，即是：

八月十九日——甲子日——紫白日星**三碧**到
八月二十日——乙丑日——紫白日星**二黑**到
八月廿一日——丙寅日——紫白日星**一白**到
八月廿二日——丁卯日——紫白日星**九紫**到
八月廿三日——戊辰日——紫白日星**八白**到
八月廿四日——己巳日——紫白日星**七赤**到
八月廿五日——庚午日——紫白日星**六白**到
八月廿六日——辛未日——紫白日星**五黃**到
八月廿七日——壬申日——紫白日星**四綠**到

中元甲子以三碧起逆排各甲子六十日，即二〇〇三年處暑前後之甲子日起。

列表如下：

陰遁中元紫白星表（繼大師作表）

甲寅	七	甲辰	八	甲午	九	甲申	一	甲戌	二	甲子	三
乙卯	六	乙巳	七	乙未	八	乙酉	九	乙亥	一	乙丑	二
丙辰	五	丙午	六	丙申	七	丙戌	八	丙子	九	丙寅	一
丁巳	四	丁未	五	丁酉	六	丁亥	七	丁丑	八	丁卯	九
戊午	三	戊申	四	戊戌	五	戊子	六	戊寅	七	戊辰	八
己未	二	己酉	三	己亥	四	己丑	五	己卯	六	己巳	七
庚申	一	庚戌	二	庚子	三	庚寅	四	庚辰	五	庚午	六
辛酉	九	辛亥	一	辛丑	二	辛卯	三	辛巳	四	辛未	五
壬戌	八	壬子	九	壬寅	一	壬辰	二	壬午	三	壬申	四
癸亥	七	癸丑	八	癸卯	九	癸巳	一	癸未	二	癸酉	三

二〇〇三年（癸未年）處暑前後之甲子日至癸亥日（中元）萬年曆表

歲次　癸未　西曆二〇〇三年　肖羊

月別	**七月大**		**八月小**		**九月小**	
干支	庚申		辛酉		壬戌	
節氣	十一 立秋辰時 7時12分	廿六 處暑亥時 21時39分	十二 白露巳時 9時56分	廿七 秋分戌時 19時3分	十四 寒露丑時 1時20分	廿九 霜降寅時 4時9分
農曆	**干支國曆**		**干支國曆**		**干支國曆**	
初一			8	28 癸酉（三）	9	26 壬寅（一）
初二			8	29 甲戌（二）	9	27 癸卯（九）
初三			8	30 乙亥（一）	9	28 甲辰（八）
初四			8	31 丙子（九）	9	29 乙巳（七）
初五			9	1 丁丑（八）	9	30 丙午（六）
初六			9	2 戊寅（七）	10	1 丁未（五）
初七			9	3 己卯（六）	10	2 戊申（四）
初八			9	4 庚辰（五）	10	3 己酉（三）
初九			9	5 辛巳（四）	10	4 庚戌（二）
初十			9	6 壬午（三）	10	5 辛亥（一）
十一			9	7 癸未（二）	10	6 壬子（九）
十二			9	8 **甲申**（一）	10	7 癸丑（八）
十三			9	9 乙酉（九）	10	8 甲寅（七）
十四			9	10 丙戌（八）	10	9 **乙卯**（六）
十五			9	11 丁亥（七）	10	10 丙辰（五）

歲次 癸未 西曆二〇〇三年 肖羊

九月小		八月小		七月大		月別
壬戌		辛酉		庚申		干支
廿九	十四	廿七	十二	廿六	十一	節氣
4時9分 霜降寅時	1時20分 寒露丑時	19時3分 秋分戌時	9時56分 白露巳時	21時39分 處暑亥時	7時12分 立秋辰時	節氣
干支國曆		干支國曆		干支國曆		農曆
10	11 丁巳（四）	9	12 戊子（六）			十六
10	12 戊午（三）	9	13 己丑（五）			十七
10	13 己未（二）	9	14 庚寅（四）			十八
10	14 庚申（一）	9	15 辛卯（三）			十九
10	15 辛酉（九）	9	16 壬辰（二）			二十
10	16 壬戌（八）	9	17 癸巳（一）			廿一
10	17 癸亥（七）	9	18 甲午（九）	8	19 甲子（三碧）	廿二
		9	19 乙未（八）	8	20 乙丑（二黑）	廿三
		9	20 丙申（七）	8	21 丙寅（一白）	廿四
		9	21 丁酉（六）	8	22 丁卯（九紫）	廿五
		9	22 戊戌（五）	8	23 戊辰（八白）	廿六
		9	23 己亥（四）	8	24 己巳（七赤）	廿七
		9	24 庚子（三）	8	25 庚午（六白）	廿八
		9	25 辛丑（二）	8	26 辛未（五黃）	廿九
				8	27 壬申（四綠）	三十

下元甲子之六十日，由二〇〇三年（癸未年）陽曆十月十八日（甲子日）至十二月十六日（癸亥日）止，其紫白日星以陰遁而逐日逆飛，即是：

十月十八日——甲子日——紫白日星**六白**到
十月十九日——乙丑日——紫白日星**五黃**到
十月二十日——丙寅日——紫白日星**四綠**到
十月廿一日——丁卯日——紫白日星**三碧**到
十月廿二日——戊辰日——紫白日星**二黑**到
十月廿三日——己巳日——紫白日星**一白**到
十月廿四日——庚午日——紫白日星**九紫**到
十月廿五日——辛未日——紫白日星**八白**到
十月廿六日——壬申日——紫白日星**七赤**到

下元甲子以六白起逆排各甲子六十日，即霜降前後之甲子日起。

列表如下：

陰遁下元紫白星表（繼大師作表）

甲寅	一	甲辰	二	甲午	三	甲申	四	甲戌	五	甲子	六
乙卯	九	乙巳	一	乙未	二	乙酉	三	乙亥	四	乙丑	五
丙辰	八	丙午	九	丙申	一	丙戌	二	丙子	三	丙寅	四
丁巳	七	丁未	八	丁酉	九	丁亥	一	丁丑	二	丁卯	三
戊午	六	戊申	七	戊戌	八	戊子	九	戊寅	一	戊辰	二
己未	五	己酉	六	己亥	七	己丑	八	己卯	九	己巳	一
庚申	四	庚戌	五	庚子	六	庚寅	七	庚辰	八	庚午	九
辛酉	三	辛亥	四	辛丑	五	辛卯	六	辛巳	七	辛未	八
壬戌	二	壬子	三	壬寅	四	壬辰	五	壬午	六	壬申	七
癸亥	一	癸丑	二	癸卯	三	癸巳	四	癸未	五	癸酉	六

二〇〇三年（癸未年）霜降前後之甲子日至癸亥日（下元）萬年曆表

歲次　癸未　西曆二〇〇三年　肖羊

月別	**九月小**		**十月大**		**十一月小**	
干支	壬戌		癸亥		甲子	
節氣	十四 寒露丑時 1時20分	廿九 霜降寅時 4時9分	十五 立冬寅時 4時15分	十三 小雪丑時 1時31分	十四 大雪戌時 20時55分	廿九 冬至未時 14時44分
農曆	**干支國曆**		**干支國曆**		**干支國曆**	
初一			10	25 辛未（八白）	11	24 辛丑（五）
初二			10	26 壬申（七赤）	11	25 壬寅（四）
初三			10	27 癸酉（六）	11	26 癸卯（三）
初四			10	28 甲戌（五）	11	27 甲辰（二）
初五			10	29 乙亥（四）	11	28 乙巳（一）
初六			10	30 丙子（三）	11	29 丙午（九）
初七			10	31 丁丑（二）	11	30 丁未（八）
初八			11	1 戊寅（一）	12	1 戊申（七）
初九			11	2 己卯（九）	12	2 己酉（六）
初十			11	3 庚辰（八）	12	3 庚戌（五）
十一			11	4 辛巳（七）	12	4 辛亥（四）
十二			11	5 壬午（六）	12	5 壬子（三）
十三			11	6 癸未（五）	12	6 癸丑（二）
十四			11	7 甲申（四）	12	7 **甲寅**（一）
十五			11	8 **乙酉**（三）	12	8 乙卯（九）

十一月小		十月大		九月小		月別
甲子		癸亥		壬戌		干支
廿九	十四	十三	十五	廿九	十四	節氣
14時44分 冬至未時	20時55分 大雪戌時	1時31分 小雪丑時	4時15分 立冬寅時	4時9分 霜降寅時	1時20分 寒露丑時	
干支國曆		干支國曆		干支國曆		農曆
12	9 丙辰（八）	11	9 丙戌（二）			十六
12	10 丁巳（七）	11	10丁亥（一）			十七
12	11 戊午（六）	11	11戊子（九）			十八
12	12 己未（五）	11	12己丑（八）			十九
12	13 庚申（四）	11	13庚寅（七）			二十
12	14 辛酉（三）	11	14辛卯（六）			廿一
12	15 壬戌（二）	11	15壬辰（五）			廿二
12	16 癸亥（一）	11	16癸巳（四）	10	18 甲子(六白)	廿三
		11	17甲午（三）	10	19 乙丑(五黃)	廿四
		11	18乙未（二）	10	20 丙寅(四綠)	廿五
		11	19丙申（一）	10	21 丁卯(三碧)	廿六
		11	20丁酉（九）	10	22 戊辰(二黑)	廿七
		11	21戊戌（八）	10	23 己巳(一白)	廿八
		11	22己亥（七）	10	24 庚午(九紫)	廿九
		11	23庚子（六）			三十

《本篇完》

（六）紫白日星之分佈與曆法之配合及關係

繼大師

紫白日星以60日為一單元，冬至後與夏至後之各180日，共有360日，而每一個回歸年平均有365日 5小時 48分 46秒（根據紫金山天文臺的資料），而紫白日星之近冬至甲子日計算起，一個回歸年有 6 個甲子共 360日，冬至後順飛上、中、下元，每元有一個甲子（60日），夏至後逆飛上、中、下元，自始循環不息，與一個回歸年之相差如下：

一個回歸年有365日 5 小時 48 分 46 秒。

一年由冬至日起至次年之冬至日止，共有360日，即六個甲子。

少了 5 日 5 小時 48 分 46 秒。

從數據上計算，以360 日配以一個回歸年 365.2422 天，若干年後會循環一週呢？

繼大師認為其計算公式如下：

$$\frac{360\text{日} \times 365.2422\text{日}}{365.2422\text{日（一年）}}$$

答案是360年

即360年一個循環

其答案是 360 年一個循環，兩者共以 131487.19 日作一個大週期之循環，而紫白日星在 360 年內，便可多配出 5.0866972 次週期，而 360 年剛好是三元運中之兩個上中下元元運，即兩個 180 年之上中下元元運也。

茲例表詳解如下：

繼大師作表

次數	360次	365.2422次
每年計算之日數	一個回歸年之日數 365.2422日	一年內編排紫白日星之日數 360日
紫白星與回歸年之循環日數	360年之日數 131487.19日	365.2422週期（以6個甲子作一個週期） 131487.19日

以一個回歸年有365.2422日計算，在360年（即131487.19日）後，剛好與紫白日星在360年內計算中，循環了365.2422次（131487.19日），兩者日數相同。

以紫白星之配法，便多出5.2422週期次數（即1831.211日）以360日之紫白日星作一次之循環，便可多配5.0866972次除去小數點，即在360年內，紫白日星便可配上365次的60甲子週期。

這就是年曆與紫白日星在配置上的關係。

由於紫白日星在一回歸年之配置上少了5.2422日，以致在近冬至日之甲子日在每年所出現均不相同，舉例如下：

如一九一〇年之立冬日是十二月廿三日，最近之甲子日是在十二月廿五日出現，以每年冬至日起配以上、中、下三元紫白日星順飛，又從夏至日起配以上、中、下三元紫白日星逆飛所計算，則每年出現六個甲子，由一九一〇年十二月廿五日最近冬至之甲子日起計算，到一九二二年，其最近冬至之甲子日，剛好在十二月廿二日之冬至日，再隔至一九三三年，最近冬至日之甲子日在十二月廿四日，立冬日是十二月廿二日，繼大師認為是：

（一）　每隔約十二年便出現一次最接近冬至日之甲子日。

（二）　每年有六個甲子日作紫白日星之分配，每隔約十二年便多出一個甲子六十日。

茲列表如下：

最近冬至之甲子日	出現之年份	冬至日期
12月25日	1910	12月23日
12月22日	1922	12月22日
12月24日	1933	12月22日
12月21日	1945	12月22日
12月23日	1956	12月22日
12月20日	1968	12月22日
12月23日	1979	12月22日
12月20日	1991	12月22日
12月22日	2002	12月22日
12月24日	2013	12月22日
12月21日	2025	12月22日
12月23日	2036	12月21日
12月20日	2048	12月21日
12月23日	2059	12月22日
12月20日	2071	12月22日
12月22日	2082	12月21日
12月19日	2094	12月21日

結論是：

（一）立冬日期每年在十二月廿一至廿三日之間。

（二）每隔約十一至十二年間便出現一次最接近冬至日之甲子日，與冬至日同日或相隔兩日不等。

每年由最近夏至日之甲子日開始，是紫白日星逆行開始之日，分上、中、下三元共一百八十日，當排完後，剛好接著最近冬至之甲子日而開始另一個上、中、下三元之紫白日星順行一百八十日，週而復始。現將最近夏至日之甲子日列表如下：

最近夏至之甲子日	出現之年份	夏至日期
6月23日	1911	6月22日
6月20日	1923	6月22日
6月22日	1934	6月22日
6月24日	1945	6月22日
6月21日	1957	6月22日
6月23日	1968	6月21日
6月20日	1980	6月21日
6月23日	1991	6月22日
6月20日	2003	6月22日
6月22日	2014	6月21日
6月19日	2026	6月21日
6月21日	2037	6月21日
6月23日	2048	6月20日
6月20日	2060	6月20日
6月23日	2071	6月21日
6月20日	2083	6月21日
6月22日	2094	6月21日

結論是：

（一）夏至日期每年在六月廿至廿二日之間。

（二）每隔約十一至十二年間，會出現一次最接近夏至日之甲子日，該甲子日是與夏至日同日，或相隔三日不等。

在這十一年至十二年之週期內，紫白日星循環不息地運行著。寫一偈曰：

冬至順飛
夏至逆行
三元甲子
週而復始

《本篇完》

（七）紫白日星在曆法分佈上之偏差

繼大師

由於平均每一回歸年有 365.2422 日，而紫白日星每一週期有 360 日，比起一個回歸年少了 5.2422 日，在出現最近冬至日之甲子日計算，配以紫白日星，據繼大師之統計，即是：

（一）每隔約十二年便多配一個紫白日星之甲子（即六十日），是五日乘以十二年得六十日也。

（二）在十二年內便有七十三個甲子。

若以出現最近冬至日或夏至日之甲子日起計算，其後六至七年，便會在最近冬至日或夏至日中出現有兩個甲子日，舉例如下：

二〇〇二年最近冬至日之甲子日在十二月廿二日，剛好十二月廿二日亦是冬至日，大約六年後，即二〇〇八年，其冬至日是十二月廿一日，剛好配在兩個甲子六十日之中間處，兩個甲子六十日之日期是：

（一）二〇〇**八年十一月二十日是甲子日**（第一個甲子六十日的開始），**比起冬至日早出現三十一天。**

（二）二〇〇九年一月十九日是甲子日（另一個甲子六十日的開始），**比起冬至日遲出現廿九天**。

這樣，當配以紫白日星時，以那個甲子六十日為準呢？

答案是以最近冬至日之甲子日起上元，並以一白紫白星在該甲子日臨中宮，後二黑到乙丑日，三碧到丙寅日，陽遁，是順排也，即是：

以二〇〇九年一月十九日之甲子日起，順排紫白日星之九星飛臨該日。

這樣，問題來了，那麼在二〇〇八年十一月二十日之甲子日起，屬於陽遁之上元甲子，抑或屬於陰遁由夏至日所排起之上元甲子六十日呢？

根據筆者繼大師本人分析，應該在二〇〇八年十一月二十日之甲子六十日起，以上元陰遁，逆飛九紫日星，因為是連接由二〇〇八年之夏至日起之下元紫白日星，剛好又是陰遁之上元日星也。

二〇〇八年十一月二十日之甲子日以上元陰遁九紫紫白日星，即是：

十二月二十日——甲子日——紫白日星**九紫**到中宮
十二月廿一日——乙丑日——紫白日星**八白**到中宮
十二月廿二日——丙寅日——紫白日星**七赤**到中宮
十二月廿三日——丁卯日——紫白日星**六白**到中宮
十二月廿四日——戊辰日——紫白日星**五黃**到中宮
十二月廿五日——己巳日——紫白日星**四綠**到中宮
十二月廿六日——庚午日——紫白日星**三碧**到中宮
十二月廿七日——辛未日——紫白日星**二黑**到中宮
十二月廿八日——壬申日——紫白日星**一白**到中宮

其理由是：

由二〇〇二年十二月廿二日是最近冬至之甲子日（剛好是冬至日），以每一回歸年配以六個甲子，每年出現之甲子日，以平均每年5.2422日，向冬至日後移，以日數計算，有時向後移五日，有時向後移六日，例如：

二〇〇二年近冬至之甲子日是十二月廿二日，正是冬至正日。

二〇〇三年近冬至之甲子日是十二月十七日，比二〇〇二年出現之甲子日早五日。

二〇〇四年近冬至之甲子日是十二月十一日，比二〇〇三年出現之甲子日早六日。

當至二〇〇八年十一月二十日，出現的甲子日，及二〇〇九年一月十九日又出現甲子日，但以二〇〇九年一月十九日之甲子日為最近二〇〇八年之冬至日，所以在二〇〇八年便多配出一個甲子六十日，而由二〇〇九年一月十九日之甲子日開始，以正常而近冬至日起上元，順排紫白日星是也。

二〇〇九年一月十九日之甲子日之陽遁九紫紫白日星，即是：

一月十九日——甲子日——紫白日星一**白**到中宮
一月二十日——乙丑日——紫白日星二**黑**到中宮
一月廿一日——丙寅日——紫白日星三**碧**到中宮
一月廿二日——丁卯日——紫白日星**四綠**到中宮
一月廿三日——戊辰日——紫白日星**五黃**到中宮
一月廿四日——己巳日——紫白日星**六白**到中宮
一月廿五日——庚午日——紫白日星**七赤**到中宮
一月廿六日——辛未日——紫白日星**八白**到中宮
一月廿七日——壬申日——紫白日星**九紫**到中宮

其實在二〇〇八年最近夏至日已出現了兩個甲子日，夏至日在六月廿一日，茲例如下：

第一個甲子日——二〇〇八年五月廿四日，在夏至日前廿八天。

第二個甲子日——二〇〇八年七月廿三日，在夏至後卅二天。

由於第二個甲子日距離夏至後卅二天，已超過卅天之數，即半個甲子之數日，所以仍然以第一個甲子六十日計算，即二〇〇八年五月廿四日起上元甲子陰遁紫白九紫日星，逆排各甲子六十日。

若然甲子日出現在冬至日或夏至日附近，就可容易確認該甲子日以冬至起陽遁九紫紫白日星，抑或以夏至起陰遁九紫日星，例如：

二〇〇二年——甲子日出現在十二月廿二日，正是冬至日，同日也。

二〇一四年——甲子日出現在六月廿二日，夏至日是六月廿一日，相隔一日也。

二〇二五年——甲子日出現在十二月廿一日，冬至日是十二月廿二日，相隔一日也。

二〇三七年——甲子日出現在六月廿一日，剛好是夏至日，同日也。

二〇四八年——甲子日出現在十二月廿日，冬至日在十二月廿一日，相隔一日也。

二〇六〇年——甲子日出現在六月廿日，剛好是夏至日，同日也。

二〇七一年——甲子日出現在十二月廿日，冬至日在十二月廿二日，相隔兩日也。

其出現最近夏至之甲子日，其週期性是在冬至出現，然後隔十二年之夏至出現，再隔十一年後之冬至日出現，如此循環不息，這樣，依以上年份而編排陽遁及陰遁之紫白日星是最準確的。

由於每一回歸年平均有 365.2422 日，紫白日星之陰陽遁只有 360 日可配，其開始計算之甲子日，以每年 5.2422 天之速度向夏至或冬至日之前而移動，舉例如下：

二〇〇三年——甲子日在十二月十七日，冬至日在十二月廿二日，甲子日在冬至前五天。

二〇〇四年——甲子日在十二月十一日，冬至日在十二月廿一日，甲子日在冬至前十天。

二〇〇五年——甲子日在十二月六日，冬至日在十二月廿二日，甲子日在冬至前十六天。

二〇〇六年——甲子日在十二月一日，冬至日在十二月廿二日，甲子日在冬至前廿一天。

二〇〇七年——甲子日在十一月廿六日，冬至在十二月廿二日，甲子日在冬至前廿六天。

二〇〇八年——甲子日在十一月廿日，冬至日在十二月廿一日，甲子日在冬至日前卅一天。

當甲子日出現在二〇〇八年冬至日前卅一天時，其日數已超過半個甲子六十日，即超過卅天，這個甲子，便是由二〇〇二年十二月廿二日之冬至甲子日經六個回歸年所編排而多出之紫白日星六十甲子日的開始，即是：

二〇〇八年十一月廿日至二〇〇九年一月十八日之甲子六十日，是多配出之甲子六十日，應該以陰遁上元而逆排紫白九紫日星，並以二〇〇九年一月十九日出現之甲子，以陽遁起一白紫白日星順推上、中、下三元一百八十日，至二〇〇九年七月十八日近夏至之甲子日再以陰遁起九紫紫白星逆推上、中、下三元一百八十日，週而復始。

約每隔十一或十二年便產生多一個甲子六十日，茲將二〇〇〇年起，該年所多出之甲子日及排法例出如下：

二〇〇八年十一月廿日至二〇〇九年一月十八日之甲子六十日——以上元起九紫陰遁逆行紫白日星而排。

二〇二〇年五月廿一日至七月十九日之甲子六十日——以上元起一白陽遁順行紫白日星而排。

二〇三一年十一月廿日至二〇三二年一月十八日之甲子六十日——以上元起九紫陰遁逆行紫白日星而排。

二〇四二年十一月廿二日至二〇四三年一月廿日之甲子六十日——以上元起九紫陰遁逆行紫白日星而排。

二〇五四年十一月十九日至二〇五五年一月十七日之甲子六十日——以上元起九紫陰遁逆行紫白日星而排。

二〇六五年十一月廿一日至二〇六六年一月十九日之甲子六十日——以上元起九紫陰遁逆行紫白日星而排。（其餘年份，如此類推。）

筆者繼大師在排列紫白日星的時候，發覺在最接近冬至或夏至之甲子日而又距離冬至或夏至多過卅天的時候，這個甲子，就是多出之甲子六十日，這是一定的道理。

但是，當多出之甲子六十日，其開始之甲子日剛好配在距離冬至（或夏至）三十日，這就難於取捨，換句話說，冬至或夏至出現在兩個甲子日之中間，距離兩個甲子日均是卅天，這樣問題出來了，究竟取那個甲子六十日作為多出之甲子六十日而排呢？

據筆者繼大師研究所得，一定要看冬至或夏至之交節時間是何時何分，始可定斷，舉例如下：

二〇四二年之冬至日是十二月廿二日，卅天前出現一甲子日，即十一月廿二日，但在冬至後之卅天又出現一甲子日，即二〇四三年一月廿一日，兩個甲子日同時以卅天而距離冬至中氣也，而交冬至之日期是二〇四二年十二月廿二日二時五十分（丑時）交入冬至，而兩個甲子日距離冬至交接時日如下：

二〇四二年十一月廿二之甲子日 ── 以甲子日〇時一分起計，至十二月廿二日二時五十分（丑時），兩者相隔 ── 30天2時50分。

二〇四三年一月廿一之甲子日 ── 以二〇四二年十二月廿二日凌晨二時五十分（丑時）起計，至二〇四三年一月廿日晚上二十三時五十九分（夜子時）止，兩者相隔 ── 29天21時10分。

兩者以二〇四二年十一月廿二之甲子日起六十日，為多出之紫白上元陰遁逆行甲子六十日。

另一個出現相同問題之年份是二〇六五年之冬至日，是年冬至在十二月廿一日十六時卅一分交節，剛在兩個甲子中間，現分析如下：

二〇六五年十一月廿一日之甲子日——以甲子日〇時一分起計，至十二月廿一日十六時卅一分止，兩者相隔——30日16時31分。

二〇六六年一月廿日之甲子日——以二〇六五年十二月廿一日十六時卅一分起計，至二〇六六年一月十九日廿三時五十九分（晚子時）止，兩者相隔——29日7時29分。

兩者以二〇六五年十一月廿一日之甲子日起六十日，為多出之紫白上元陰遁逆行甲子六十日。

筆者以十數日時間，把二〇〇二年至二一〇〇年之夏至、冬至及最近之甲子日作了一表，可由表中推算出這一百年來紫白日星之編排。

茲列表如下：

年份	出現之甲子日	夏至/冬至日期	陽/陰遁	相隔夏至/冬至日數 + 夏至/冬至之後 – 夏至/冬至之前
2002	6月25日	6月21日	陰遁	+4天
	12月22日	12月22日	陽遁	0天
2003	6月20日	6月22日	陰遁	–2天
	12月17日	12月22日	陽遁	–5天
2004	6月14日	6月21日	陰遁	–7天
	12月11日	12月21日	陽遁	–10天
2005	6月9日	6月21日	陰遁	–12天
	12月6日	12月22日	陽遁	–16天
2006	6月4日	6月21日	陰遁	–17天
	12月1日	12月22日	陽遁	–21天
2007	5月30日	6月22日	陰遁	–23天
	11月26日	12月22日	陽遁	–26天
2008	5月24日	6月21日	陰遁	–28天
2008年多出之甲子	2008年11月20日 至 2009年1月18日 （60天）	2008年12月21日	陰遁上元 逆行	–31天20小時04分
2009	1月19日	2008年12月21日	陽遁	+28天3小時06分
	7月18日	6月21日	陰遁	+27天
2010	1月14日	2009年12月22日	陽遁	+23天
	7月13日	6月21日	陰遁	+22天
2011	1月9日	2010年12月22日	陽遁	+18天
	7月8日	6月22日	陰遁	+16天
2012	1月4日	2011年12月22日	陽遁	+13天
	7月2日	6月21日	陰遁	+11天

年份	出現之甲子日	夏至/冬至日期	陽/陰遁	相隔夏至/冬至日數 + 夏至/冬至之後 − 夏至/冬至之前
2012	12月29日	12月21日	陽遁	+8天
2013	6月27日	6月21日	陰遁	+6天
	12月24日	12月22日	陽遁	+2天
2014	6月22日	6月21日	陰遁	+1天
	12月19日	12月22日	陽遁	−3天
2015	6月17日	6月22日	陰遁	−5天
	12月14日	12月22日	陽遁	−8天
2016	6月11日	6月21日	陰遁	−10天
	12月8日	12月21日	陽遁	−13天
2017	6月6日	6月21日	陰遁	−15天
	12月3日	12月22日	陽遁	−19天
2018	6月1日	6月21日	陰遁	−20天
	11月28日	12月22日	陽遁	−24天
2019	5月27日	6月22日	陰遁	−26天
	11月23日	12月22日	陽遁	−29天
2020年多出之甲子	2020年5月21日 至 7月19日 （60天）	6月21日	陽遁上元 順行	−31天5小時44分
	7月20日	6月21日	陰遁	+28天18小時12分
2021	1月16日	2020年12月21日	陽遁	+26天
	7月15日	6月21日	陰遁	+24天
2022	1月11日	2021年12月22日	陽遁	+20天
	7月10日	6月21日	陰遁	+19天
2023	1月6日	2022年12月22日	陽遁	+15天

年份	出現之甲子日	夏至/冬至日期	陽/陰遁	相隔夏至/冬至日數 + 夏至/冬至之後 – 夏至/冬至之前
2023	7月5日	6月21日	陰遁	+14天
2024	1月1日	2023年12月22日	陽遁	+10天
	6月29日	6月21日	陰遁	+8天
	12月26日	12月21日	陽遁	+5天
2025	6月24日	6月21日	陰遁	+3天
	12月21日	12月22日	陽遁	–1天
2026	6月19日	6月21日	陰遁	–2天
	12月16日	12月22日	陽遁	–6天
2027	6月14日	6月21日	陰遁	–7天
	12月11日	12月22日	陽遁	–11天
2028	6月8日	6月21日	陰遁	–13天
	12月5日	12月21日	陽遁	–16天
2029	6月3日	6月21日	陰遁	–18天
	11月30日	12月21日	陽遁	–21天
2030	5月29日	6月21日	陰遁	–23天
	11月25日	12月22日	陽遁	–27天
2031	5月24日	6月21日	陰遁	–28天
2031年多出之甲子	2031年11月20日 至 2032年1月18日 （60天）	2031年12月22日	陰遁上元逆行	–32天9小時56分
2032	1月19日	2031年12月22日	陽遁	+27天14小時04分
	7月17日	6月21日	陰遁	+26天
2033	1月13日	2031年12月21日	陽遁	+23天
	7月12日	6月21日	陰遁	+21天

年份	出現之甲子日	夏至/冬至日期	陽/陰遁	相隔夏至/冬至日數 + 夏至/冬至之後 – 夏至/冬至之前
2034	1月8日	2033年12月21日	陽遁	+18天
	7月7日	6月21日	陰遁	+16天
2035	1月3日	2034年12月22日	陽遁	+12天
	7月2日	6月21日	陰遁	+11天
	12月29日	12月22日	陽遁	+7天
2036	6月26日	6月21日	陰遁	+5天
	12月23日	12月21日	陽遁	+2天
2037	6月21日	6月21日	陰遁	0天
	12月18日	12月21日	陽遁	–3天
2038	6月16日	6月21日	陰遁	–5天
	12月13日	12月22日	陽遁	–9天
2039	6月11日	6月21日	陰遁	–10天
	12月8日	12月22日	陽遁	–14天
2040	6月5日	6月21日	陰遁	–16天
	12月2日	12月21日	陽遁	–19天
2041	5月31日	6月21日	陰遁	–21天
	11月27日	12月21日	陽遁	–24天
2042	5月26日	6月21日	陰遁	–26天
2042年多出之甲子	2042年11月22日 至 2043年1月20日 （60天）	2042年12月22日	陰遁上元逆行	–30天2小時50分
2043	1月21日	2042年12月22日	陽遁	+29天21小時10分
	7月20日	6月21日	陰遁	+29天
2044	1月16日	2043年12月22日	陽遁	+25天

年份	出現之甲子日	夏至/冬至日期	陽/陰遁	相隔夏至/冬至日數 + 夏至/冬至之後 – 夏至/冬至之前
2044	7月14日	6月21日	陰遁	+23天
2045	1月10日	2044年12月21日	陽遁	+20天
	7月9日	6月21日	陰遁	+18天
2046	1月5日	2045年12月21日	陽遁	+15天
	7月4日	6月21日	陰遁	+13天
	12月31日	12月22日	陽遁	+9天
2047	6月29日	6月21日	陰遁	+8天
	12月26日	12月22日	陽遁	+4天
2048	6月23日	6月20日	陰遁	+3天
	12月20日	12月21日	陽遁	–1天
2049	6月18日	6月21日	陰遁	–3天
	12月15日	12月21日	陽遁	–6天
2050	6月13日	6月21日	陰遁	–8天
	12月10日	12月22日	陽遁	–12天
2051	6月8日	6月21日	陰遁	–13天
	12月5日	12月22日	陽遁	–17天
2052	6月2日	6月20日	陰遁	–18天
	11月29日	12月21日	陽遁	–22天
2053	5月28日	6月21日	陰遁	–24天
	11月24日	12月21日	陽遁	–27天
2054	5月23日	6月21日	陰遁	–29天
2054年多出之甲子	2054年11月19日 至 2055年1月17日 （60天）	2054年12月22日	陰遁上元 逆行	–33天0小時11分

年份	出現之甲子日	夏至/冬至日期	陽/陰遁	相隔夏至/冬至日數 + 夏至/冬至之後 − 夏至/冬至之前
2055	1月18日	2054年12月22日	陽遁	+26天23小時49分
	7月17日	6月21日	陰遁	+26天
2056	1月13日	2055年12月22日	陽遁	+22天
	7月11日	6月20日	陰遁	+21天
2057	1月7日	2056年12月21日	陽遁	+17天
	7月6日	6月21日	陰遁	+15天
2058	1月2日	2057年12月21日	陽遁	+12天
	7月1日	6月21日	陰遁	+10天
	12月28日	12月21日	陽遁	+7天
2059	6月26日	6月21日	陰遁	+5天
	12月23日	12月22日	陽遁	+1天
2060	6月20日	6月20日	陰遁	0天
	12月17日	12月21日	陽遁	−4天
2061	6月15日	6月21日	陰遁	−6天
	12月12日	12月21日	陽遁	−9天
2062	6月10日	6月21日	陰遁	−11天
	12月7日	12月21日	陽遁	−14天
2063	6月5日	6月21日	陰遁	−16天
	12月2日	12月22日	陽遁	−20天
2064	5月30日	6月20日	陰遁	−21天
	11月26日	12月21日	陽遁	−25天
2065	5月25日	6月21日	陰遁	−27天

年份	出現之甲子日	夏至/冬至日期	陽/陰遁	相隔夏至/冬至日數 + 夏至/冬至之後 – 夏至/冬至之前
2065年多出之甲子	2065年11月21日 至 2066年1月19日 （60天）	2065年12月21日	陰遁上元逆行	–30天16小時31分
2066	1月20日	2065年12月21日	陽遁	+29天7小時29分
	7月19日	6月21日	陰遁	+28天
2067	1月15日	2066年12月21日	陽遁	+25天
	7月14日	6月21日	陰遁	+23天
2068	1月10日	2067年12月22日	陽遁	+19天
	7月8日	6月20日	陰遁	+18天
2069	1月4日	2068年12月21日	陽遁	+14天
	7月3日	6月21日	陰遁	+12天
	12月30日	12月22日	陽遁	+8天
2070	6月28日	6月21日	陰遁	+7天
	12月25日	12月21日	陽遁	+4天
2071	6月23日	6月21日	陰遁	+2天
	12月20日	12月22日	陽遁	+2天
2072	6月17日	6月20日	陰遁	–3天
	12月14日	12月21日	陽遁	–7天
2073	6月12日	6月21日	陰遁	–9天
	12月9日	12月21日	陽遁	–12天
2074	6月7日	6月21日	陰遁	–14天
	12月4日	12月21日	陽遁	–17天

年份	出現之甲子日	夏至/冬至日期	陽/陰遁	相隔夏至/冬至日數 + 夏至/冬至之後 – 夏至/冬至之前
2075	6月2日	6月21日	陰遁	+19天
	11月29日	12月22日	陽遁	+23天
2076	5月27日	6月20日	陰遁	-24天
	11月23日	12月21日	陽遁	-28天
2077	5月22日	6月21日	陰遁	–29天23小時37分
2077年多出之甲子	2077年11月18日 至 2079年1月16日	2077年12月21日	陰遁上元逆行	–33天14小時03分
2078	1月17日	2077年12月21日	陽遁	+26天9小時57分
	7月16日	6月21日	陰遁	+25天
2079	1月12日	2078年12月21日	陽遁	+22天
	7月11日	6月21日	陰遁	+20天
2080	1月7日	2079年12月22日	陽遁	+16天
	7月5日	6月20日	陰遁	+15天
2081	1月1日	2080年12月21日	陽遁	+11天
	6月30日	6月20日	陰遁	+10天
	12月27日	12月21日	陽遁	+6天
2082	6月25日	6月21日	陰遁	+4天
	12月22日	12月21日	陽遁	+1天
2083	6月20日	6月21日	陰遁	–1天
	12月17日	12月22日	陽遁	–5天
2084	6月14日	6月20日	陰遁	–6天
	12月11日	12月21日	陽遁	–10天
2085	6月9日	6月20日	陰遁	–11天
	12月6日	12月21日	陽遁	–15天

年份	出現之甲子日	夏至/冬至日期	陽/陰遁	相隔夏至/冬至日數 + 夏至/冬至之後 – 夏至/冬至之前
2086	6月4日	6月21日	陰遁	-17天
	12月1日	12月22日	陽遁	-20天
2087	5月30日	6月20日	陰遁	-22天
	11月26日	12月22日	陽遁	-26天
2088	5月24日	6月21日	陰遁	-27天
2088年多出之甲子	2088年11月20日至2089年1月18日	2088年12月21日	陰遁上元逆行	–31天5小時59分
2089	1月19日	2088年12月21日	陽遁	+28天18小時01分
	7月19日	6月20日	陰遁	+28天
2090	1月14日	2089年12月21日	陽遁	+24天
	7月13日	6月21日	陰遁	+22天
2091	1月9日	2090年12月21日	陽遁	+19天
	7月8日	6月21日	陰遁	+17天
2092	1月4日	2091年12月21日	陽遁	+14天
	7月2日	2092年6月20日	陰遁	+12天
	12月29日	12月21日	陽遁	+8天
2093	6月27日	6月20日	陰遁	+7天
	12月24日	12月21日	陽遁	+3天
2094	6月22日	6月21日	陰遁	+1天
	12月19日	12月21日	陽遁	–2天
2095	6月17日	6月21日	陰遁	–4天
	12月14日	12月21日	陽遁	–7天
2096	6月11日	6月20日	陰遁	–9天
	12月8日	12月21日	陽遁	–13天

年份	出現之甲子日	夏至/冬至日期	陽/陰遁	相隔夏至/冬至日數 + 夏至/冬至之後 – 夏至/冬至之前
2097	6月6日	6月20日	陰遁	-14天
	12月3日	12月21日	陽遁	-18天
2098	6月1日	6月21日	陰遁	-20天
	11月28日	12月21日	陽遁	-23天
2099	5月27日	6月21日	陰遁	-25天
	11月23日	12月21日	陽遁	-28天
2100年多出之甲子	2100年5月22日 至 7月20日	6月21日	陽遁上元順行	–30天13小時34分
2100	7月21日	6月21日	陽遁	+29天10小時26分
	2101年1月18日	2100年12月22日	陽遁	+27天

據繼大師之經驗，得出的結論就是：

（一）凡多出之甲子六十日，出現在十一月中至一月中，就是陰遁上元逆行排列紫白日星。

（二）凡多出之甲子六十日，出現在五月中至七月中，就是陽遁上元順行排列紫白日星。

《本篇完》

（八）紫白日星飛泊到宮之尋法

繼大師

由於每年在最近冬至之甲子日起上元一白紫白日星，因為是陽遁，所以當找到該日是何紫白日星後，將該日之紫白日星順飛九宮，便可得知何星飛入何宮位了，其尋法之程序如下：

如果要尋找二〇一三年十二月廿四日在北方「壬子癸」方之紫白日星是何星，其步驟是：

（一）先尋日星之所屬 —— 查萬年曆得知二〇一三年（癸巳年）之冬至日是十二月廿二日，而最近冬至之甲子日剛好在十二月廿四日，以冬至起陽遁，則十二月廿四日是上元陽遁由甲子日起一白入中宮。

（二）冬至陽遁是順飛 —— 以一白入中宮順飛九宮，則二黑到乾，三碧到兑，四綠到艮，五黃到離，六白到坎，後天大卦是坎，為北方，廿四山是「壬子癸」方也。

答案是：

二〇一三年十二月廿四日紫白六白日星到北方。

例子二：找出十二月一日屬何元運及陰或陽遁等——查二〇〇八年十二月廿一日是冬至日，較近冬至之甲子日是十一月二十日，是在冬至日之前卅一天，另一最近冬至之甲子日是二〇〇九年（己丑年）一月十九日，是在冬至後廿九天，是最近冬至日之甲子日。

二〇〇八年十一月廿日距離冬至卅一天之甲子日，已超過卅天之數，大凡冬至日出現於兩個甲子日之中間，則必然有一個甲子六十日是多配出的，凡甲子日距離冬至（或夏至）多過卅天，就屬於多出之甲子六十日，所以二〇〇八年十一月廿日至二〇〇九年一月十八日之甲子六十日，是屬於二〇〇八年由夏至日起計之上元紫白日星範圍內，這是上、中、下元，接著多出之甲子六十日亦是以上元紫白日星計算。

（二）以陰遁上元甲子起九紫紫白日星而逆飛九宮，查二〇〇八年十二月一日是「乙亥」日，陰遁排列如下：

十一月二十日——甲子日——紫白日星**九紫**到中宮

十一月廿一日——乙丑日——紫白日星**八白**到中宮

十一月廿二日——丙寅日——紫白日星**七赤**到中宮

十一月廿三日——丁卯日——紫白日星**六白**到中宮

十一月廿四日——戊辰日——紫白日星**五黃**到中宮
十一月廿五日——己巳日——紫白日星**四綠**到中宮
十一月廿六日——庚午日——紫白日星**三碧**到中宮
十一月廿七日——辛未日——紫白日星**二黑**到中宮
十一月廿八日——壬申日——紫白日星**一白**到中宮
十一月廿九日——癸酉日——紫白日星**九紫**到中宮
十一月三十日——甲戌日——紫白日星**八白**到中宮
十二月一日——乙亥日——紫白日星**七赤**到中宮

(三)以日星七赤入中宮,逆飛九宮,即:

中宮——**七赤**入中
乾宮——**六白**到宮——西北戌乾亥方
兑宮——**五黃**到宮——西方庚酉辛方
艮方——**四綠**到宮——東北丑艮寅方

答案是：
二〇〇八年十二月一日之東北方是四綠紫白日星飛臨。

若然找二〇〇九年一月廿五日在東南方之紫白日星，則要顧及到二〇〇八年十一月廿日為多出之甲子，在十二月廿一日是冬至，而二〇〇九年一月十九日是甲子日，距離冬至後28天3小時06分，即距離在卅天以下，仍然屬於冬至起陽循而推算，以上元起一白入中順飛九宮八方也，此點要特別留意，最好以上一章之「紫白日星甲子表」作準而計算，而二〇〇九年一月廿五日是「庚午」日，以上元一白入中於一月十九日之甲子日順排，即是：

一月十九日——甲子日——紫白日星**一白**入中宮
一月二十日——乙丑日——紫白日星**二黑**入中宮
一月廿一日——丙寅日——紫白日星**三碧**入中宮
一月廿二日——丁卯日——紫白日星**四綠**入中宮
一月廿三日——戊辰日——紫白日星**五黃**入中宮
一月廿四日——己巳日——紫白日星**六白**入中宮
一月廿五日——庚午日——紫白日星**七赤**入中宮

再將七赤日星放入中宮，因為是冬至起之甲子六十日，屬於上元紫白日星，所以七赤日星入中宮而順飛九宮，以洛書數順推之次序而排出，即是：

七赤紫白日星——入中宮
八白紫白日星——飛泊到乾宮
九紫紫白日星——飛泊到兑宮
一白紫白日星——飛泊到艮宮
二黑紫白日星——飛泊到離宮
三碧紫白日星——飛泊到坎宮
四綠紫白日星——飛泊到坤宮
五黃紫白日星——飛泊到震宮
六白紫白日星——飛泊到巽宮

答案是：
二〇〇九年一月廿五日是六白紫白日星飛泊到東南巽方。

茲列表如下：

七赤日星入中飛星圖

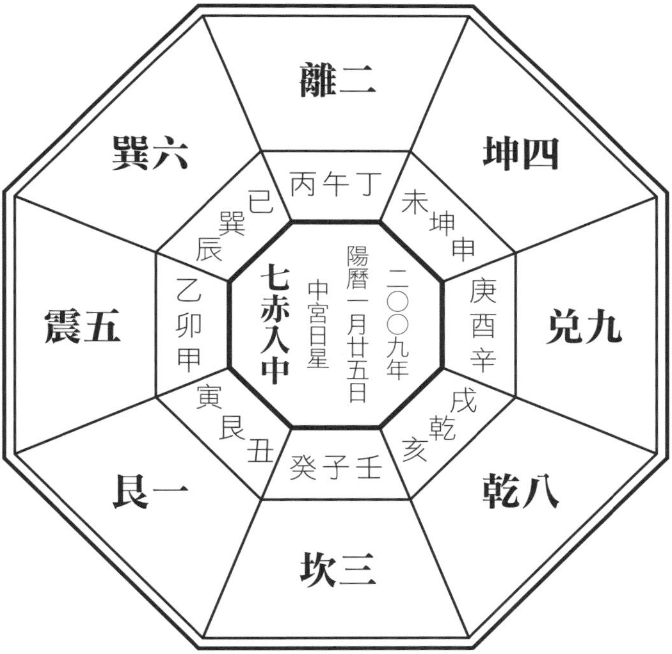

（繼大師作圖）

《本篇完》

（九）紫白流年流月用事表

繼大師

在擇日入伙，神廟、寺廟、道觀開光安座儀式或造葬，除了使用《正五行擇日法》外，還要顧及紫白星的飛臨，這指純紫白飛星，非指沈氏玄空飛星。

紫白星中，以紫白流年及流月飛星到臨宮位為主，影響至大，我們除了用《正五行擇日法》用事外，還要避開二黑五黃的紫白星，這是時空之煞。

筆者繼大師認為，由於每年的紫白星飛臨不同，為方便查閱，故要做一個流年紫白年、月之飛星表，它分成三組。

第一組是「子、午、卯、酉」年，可查表找出其紫白入中之年星，「子、午、卯、酉」等年的紫白月星，以八白在寅月入中，逆排順飛，兩表合併同看便成。茲列表如下：

「子、午、卯、酉」年之紫白年星入中飛泊表（七、四、一）

繼大師表　丁酉孟夏

年份	干支	年星
2002	壬午	七
2005	乙酉	四
2008	戊子	一
2011	辛卯	七
2014	甲午	四
2017	丁酉	一
2020	庚子	七
2023	癸卯	四
2026	丙午	一
2029	己酉	七
2032	壬子	四
2035	乙卯	一
2038	戊午	七
2041	辛酉	四
2044	甲子	一
2047	丁卯	七
2050	庚午	四
2053	癸酉	一
2056	丙子	七
2059	己卯	四

年份	干支	年星
2062	壬午	一
2065	乙酉	七
2068	戊子	四
2071	辛卯	一
2074	甲午	七
2077	丁酉	四
2080	庚子	一
2083	癸卯	七
2086	丙午	四
2089	己酉	一
2092	壬子	七
2095	乙卯	四
2098	戊午	一
2101	辛酉	七

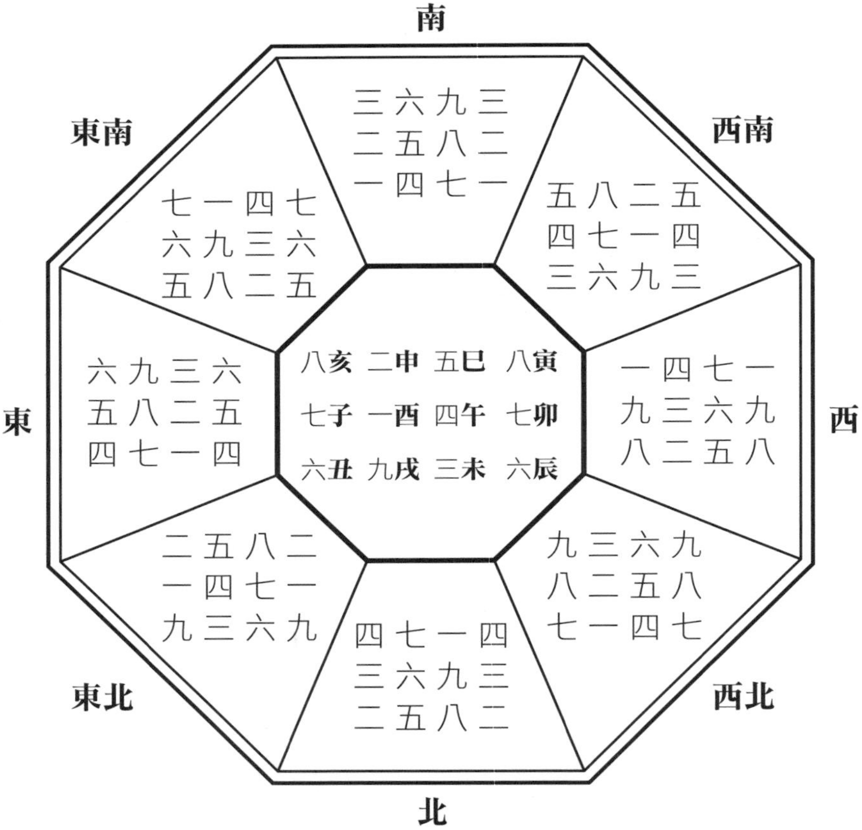

流月紫白飛星
逢子午卯酉年
八白入中宮

（繼大師作圖）

第二組是「辰、戌、丑、未」年，可查表找出其紫白入中之年星，「辰、戌、丑、未」等年之紫白月星，以五黃在寅月入中，逆排順飛，兩表合併同看便成。茲列表如下：

「辰、戌、丑、未」年之紫白年星入中飛泊表（九、六、三）

繼大師表　丁酉孟夏

年份	干支	年星
2000	庚辰	九
2003	癸未	六
2006	丙戌	三
2009	已丑	九
2012	壬辰	六
2015	乙未	三
2018	戊戌	九
2021	辛丑	六
2024	甲辰	三
2027	丁未	九
2030	庚戌	六
2033	癸丑	三
2036	丙辰	九
2039	己未	六
2042	壬戌	三
2045	乙丑	九
2048	戊辰	六
2051	辛未	三
2054	甲戌	九
2057	丁丑	六
2060	庚辰	三
2063	癸未	九
2066	丙戌	六
2069	已丑	三
2072	壬辰	九
2075	乙未	六
2078	戊戌	三
2081	辛丑	九
2084	甲辰	六
2087	丁未	三
2090	庚戌	九
2093	癸丑	六
2096	丙辰	三
2099	己未	九
2102	壬戌	六

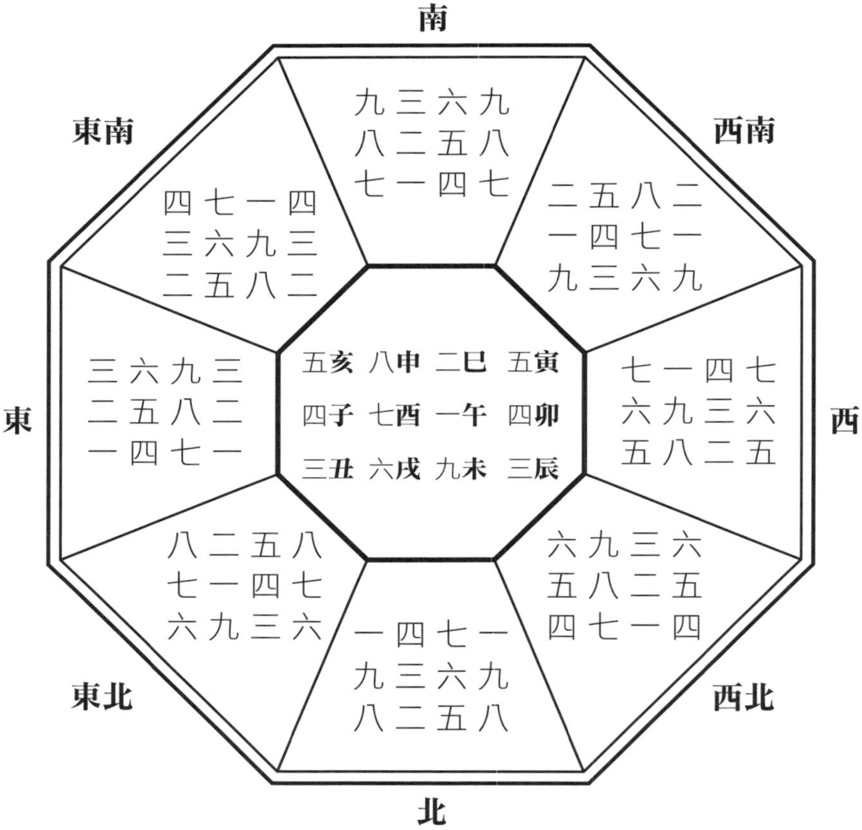

流月紫白飛星
逢辰戌丑未年
五黃入中宮

（繼大師作圖）

第三組是「寅、申、巳、亥」年，可查表找出其紫白入中之年星，「寅、申、巳、亥」等年之紫白月星，以二黑在寅月入中，逆排順飛，兩表合併同看便成。茲列表如下：

「寅、申、巳、亥」年之紫白年星入中飛泊表（八、五、二）

繼大師表　丁酉孟夏

年份	干支	年星
2001	辛巳	八
2004	甲申	五
2007	丁亥	二
2010	庚寅	八
2013	癸巳	五
2016	丙申	二
2019	己亥	八
2022	壬寅	五
2025	乙巳	二
2028	戊申	八
2031	辛亥	五
2034	甲寅	二
2037	丁巳	八
2040	庚申	五
2043	癸亥	二
2046	丙寅	八
2049	己巳	五
2052	壬申	二
2055	乙亥	八
2058	戊寅	五

年份	干支	年星
2061	辛巳	二
2064	甲申	八
2067	丁亥	五
2070	庚寅	二
2073	癸巳	八
2076	丙申	五
2079	己亥	二
2082	壬寅	八
2085	乙巳	五
2088	戊申	二
2091	辛亥	八
2094	甲寅	五
2097	丁巳	二
2100	庚申	八
2103	癸亥	五

避開紫白年、月之星有五黃二黑同到之宮位用事即可，配合《正五行擇日法》用事，避開凶煞，至少凶事不來，則凡事大吉。

《本篇完》

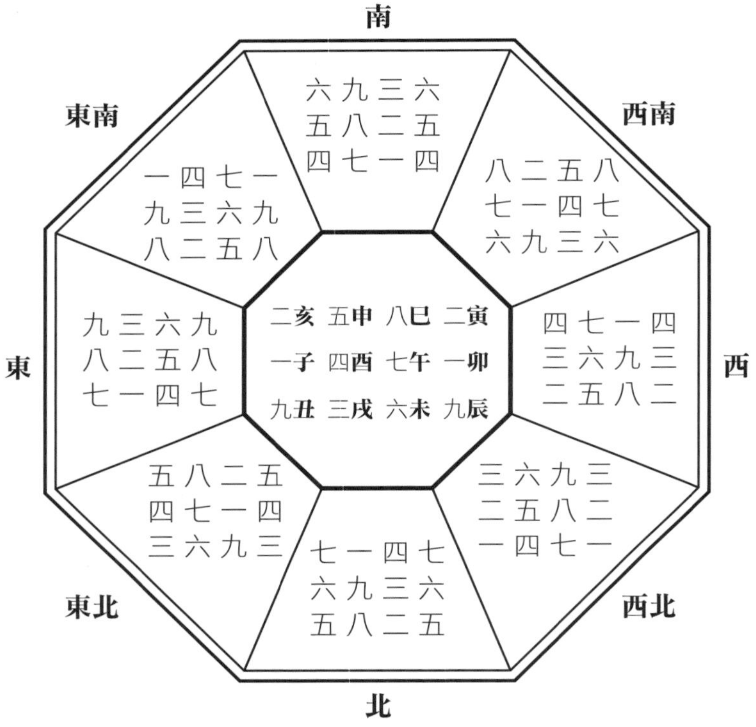

流月紫白飛星
逢寅申巳亥年
二黑入中宮

（繼大師作圖）

（十）擇日必須具備的資料手冊

繼大師

無論在結婚、上任、出行、裝修、入伙、簽署立約、神佛安座、落葬、安碑、重修等，在擇日用事方面，一定要具備用事的流年資料，「通勝」是必須要持有的，根據通勝上的資料，把相關的神煞一一列出，作為個人資料手冊，方便擇日用事。

以丁酉年（二〇一七年）為例，太歲名「康杰」，雙春兼潤六月，筆者繼大師建議將下列各點重要事項列出，每年做一次記錄，作擇日用事手冊，茲列如下：

（一）歲破方 —— 名「大耗」，以坐山最凶，方位次凶，如丁酉年，「卯山」及「卯方」即是「歲破」位，再次是「月破」方、「日破」方、「時破」方等，如丁酉年之「辛亥」月，則「巳方」是月破方，如此類推。

（二）三煞方 —— 丁酉年之三煞方在「甲、卯、乙」震宮。刼煞在「寅」，歲煞在「辰」。

（三）都天煞方——丁酉年之都天煞方在「申、酉」方。都天夾煞方在「庚」方。

（四）五黃二黑方——丁酉年之紫白年星五黃煞方在「離宮」「丙、午、丁」方。尤其是「卯月、子月」之二黑紫白月星到宮，為二五交加，主損小口。

丁酉年之紫白年星二黑到「乾宮」「戌、乾、亥」方。尤其是「午月」之五黃紫白月星到宮，為二五交加，主損小口。

（五）土王用事——土王用事之日，一般在農曆三、六、九、十二月內出現，忌動土、下葬、修造。

（六）分龍之日——夏至後第一個「辰」日，俗稱「分龍日」，亦稱「封龍日」。傳說該日由玉皇大帝劃定各龍分管地界，各路龍王上天領旨。

又有「分龍雨」，夏季所降之對流雨，有時一轍之隔，晴雨各異，故名「隔轍雨」。

一般在農曆五月底，丁酉年在農曆五月廿八日，忌動土、下葬、修造。

（七）三伏日——「三伏」是農曆中夏季長達30天至40天的一個時段，「三伏日」包括：

初伏日——每年夏至起第三個「庚」天干日。

中伏日——每年夏至起第四個「庚」天干日。

末伏日——每年立秋起第一個「庚」天干日。

忌動土、下葬、修造，是預防天氣過於炎熱而致中暑。（可參考榮光園出版社《正五行擇日精義初階》第六章《三伏日之原理》24-26頁，繼大師著。）

（八）四絕日——立春、立夏、立秋、立冬前一天。大事勿用。

（九）四離日——春分、夏至、秋分、冬至前一天。大事勿用。

（十）日全食、日環食、日偏食、月全食、月環食、月偏食等前後七日內大事勿用。

（十一）通勝內在當日所註明的神煞——如：忌動土、安葬、土王用事、三伏日、土符、土府、歲破、月破、時破等。

（十二）班煞日、楊忌日——通勝內在當日所註明的神煞，會對地師構成冲煞。（可參考榮光園出版社《正五行擇日精義進階》第十九章《班煞日及楊公忌日的禁忌》112-114 頁，繼大師著。）

每年當列出以上十二項，作為地師的資料手冊，雖不致邀福，但至少凶事遠離，一切吉祥。

《本篇完》

（十一）楊公忌日的手推掌訣

繼大師

筆者繼大師在《正五行擇日精義進階》一書內第十九章《班煞日及楊公忌日的禁忌》有述說「楊公忌日」的禁忌，是唐、楊筠松風水祖師根據廿八星宿輪值而定出，全年有十三天，茲列出其農曆月份如下：

正月十三　二月十一　三月初九　四月初七　五月初五　六月初三　七月初一

七月廿九　八月廿七　九月廿五　十月廿三　十一月廿一　十二月十九

若要牢記這十三日，恐怕有點困難，不過，我們可用手掌掌訣推算之，快速而有效。

首先，我們用左手的十二個固定點，作為「子、丑、寅、卯、辰、巳、午、未、申、酉、戌、亥。」十二個月份的地支位置，我們得知「楊公忌日」在農曆七月有兩天，七月初一及七月廿九，一日在七月頭，一日在七月尾，其餘每月一天。

其二，我們知道「楊公忌日」每個月排列組合有它的獨特性，它由農曆七月開始，分出順、逆而排。

（二）筆者繼大師的方法是，由農曆七月初一，左手大拇指按著左手掌訣上的尾指尖上，先把尾指尖的位置「申月」七月定位，逆推六月未、五月午、四月巳、三月辰、二月卯、正月寅。然後以初一、初三、初五、初七、初九、初十一、初十三而作出單數日的排列。

得出結果是：

申——七月初一

未——六月初三

午——五月初五

巳——四月初七

辰——三月初九

卯——二月初十一

寅——正月初十三

(二) 再以農曆七月廿九日為定點位，左手大拇指亦按著左手掌訣的尾指尖上，位置為「申月」七月，八月酉、九月戌、十月亥、十一月子、十二月丑。

然後由七月順月份逆排出單數日子為：廿九 、廿七、廿五、廿三、廿一、十九。

得出結果是：

申——七月廿九

酉——八月廿七

戌——九月廿五

亥——十月廿三

子——十一月廿一

丑——十二月十九

這樣，楊公忌日就不需要刻意牢記，只需記着七月初一及廿九日，然後依照掌訣作順逆推算，則楊公忌日便能完全在掌握之中。

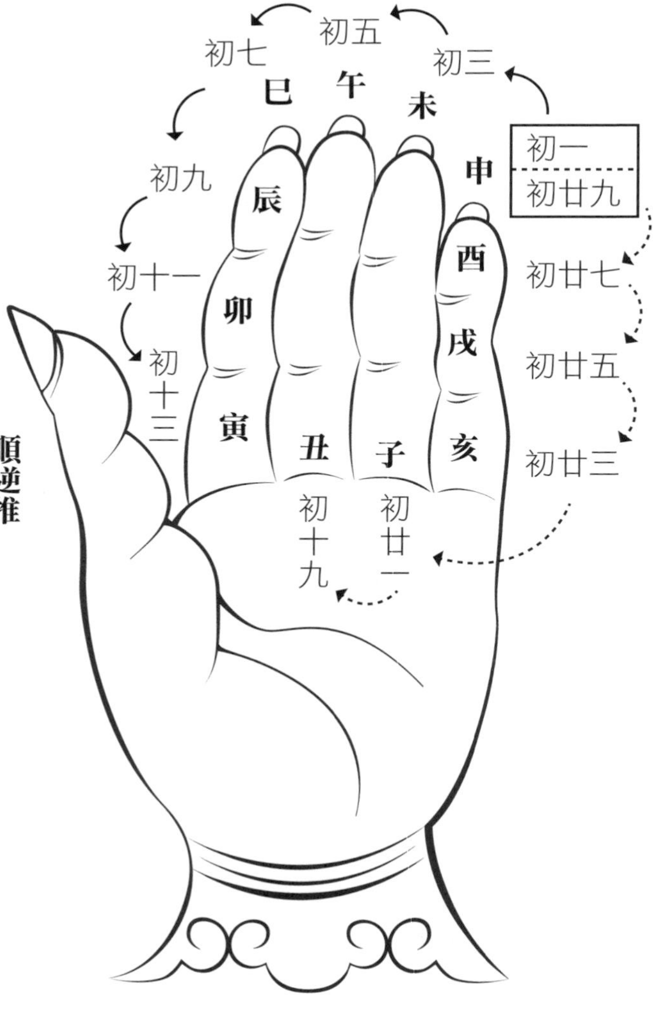

楊公忌日的手推掌訣
繼大師創　丁酉孟夏
（繼大師作圖）

《本篇完》

（十二） 造命千金歌 —— 楊筠松著

（《選擇求真》版本）註解

繼大師

原文：**天機妙訣值千金。不用行年與姓音。但看山頭併命位。五行生旺好推尋。**

繼大師註：擇日的天機妙訣很寶貴，不用納音五行的方法，用正五行擇日生旺坐山，配合人命。

原文：**一要陰陽不溷雜**（雜）**。二要坐向逢三合。三要明星入向來。四要帝星當六甲。四中失一還無妨。若是平分便非法。**

繼大師註：一要時間上不要在陰陽分界線上，包括所有節氣、每日及每個時辰的交界時間。

二要與坐山成三合，如「子」山，則取「申、子、辰」合水局。

三要太陽、太陰到坐山或到向，或到坐山的三合方，如「子」山，則取「申、子、辰」方，取「午」山為到向。

四要帝星當六甲，（「帝星」指七政四餘中的天帝星，可參看《選擇求真》玄學出版社，第82頁）易經說：「帝出乎震。」六甲者指天帝乘「時令」及「地氣」，到山則吉。

四樣全得為上吉，失一尚可，失二得二，則非造命擇日之法。

原文：**山頭有煞怎奈何。貴人祿馬喜相過。三奇諸德能降殺。吉制凶神發福多。**

繼大師註：修造陽居或陰墳，逢坐山犯煞，如三煞、戊己都天、都天夾煞、大小月建、官符、空亡金神等，可用「天上、地上、人中」等三奇格局，及「天德、月德、歲德、貴人、祿馬」等化解，加以日課剋山制凶神惡煞，但不可沖破坐山，這可以化解，但逢坐山「歲破」，則要非常小心處理了，煞能制，則福份可邀。

原文：**二位尊星宜值月。一氣堆干為第一。拱祿拱貴喜到山。飛馬臨方為愈吉。**

繼大師註：「二位尊星」指太陽、太陰二星照臨，「一氣堆干」指日課「天元一氣」及「地元一氣」的格局，如天干四「丙」干，山命及人命是「酉、亥」，則為聚貴，山命及人命是「巳」，則為聚祿。

若日課地支四「申」支，山命及人命是「庚」，則為堆祿，山命是「乙」及人命是「乙、己」，則為堆貴。

若日課地支兩「辰」、兩「子」，邀「申」，則「乙山、乙、己命」為拱貴，配「庚山、庚命」為拱祿，配「寅山、寅命」為拱沖馬，如此類推。

原文：**三元合格最為上。四柱喜見財官旺。用支不可有損傷。取干最宜逢健旺。**

繼大師註：古云：「三元者。以干為天元。支為地元。納音為人元。」日課四柱喜見

「財、官」旺，如日課天干四個「庚」，配「乙」命為合官。日課天干四個「己」，配「甲」命為合財。日課天干四個「庚」，再配「庚」命為「健旺」，取同氣之故。

日課地支不可有損傷，沖或剋山及人命，則命有損傷，忌用也。

原文：**生旺得合喜相逢。須知剋破與刑沖。吉星有氣小成大，惡曜休囚不作凶。**

繼大師註：日課生旺山命、人命則吉，例如日課與坐山同一五行，如「乾」山，日課用「庚、辛」為同旺。「子、癸」山命日課用「庚」，「壬、亥」山命日課用「辛」為印局，皆可助旺坐山。

日課忌剋破及刑沖坐山及人命，愈多吉星，雖然量小，但積小成大，日課惡曜少，或休囚，則不作凶論，例如「甲」山或人命，逢日課有一個「庚」來剋，為坐山及人命之七煞，一個七煞不為忌也。

原文：**山家造命既合局。更喜金水來相逐。太陽照處自光輝，周天度數看躔伏。七個太陽三個緊。中間歷數第一親。前後照臨扶山脈。不可坐下干支缺。更得玉兔照坐處。能使生人沾福澤。**

繼大師註：日課配坐山及人命要成格成局，「七政四餘」擇日法中，有「太陽、太陰」照山之向，更喜金星、水星來扶日月，大吉大利之兆。

「太陽」以日躔宮度者為真，其餘各家，如「昇玄太陽」，「都纂太陽」，「烏兔太陽」，「四利三元太陽」，「循環太陽」，「雷霆太陽」，「都天寶照太陽」等七家「太陽」擇日法，盡屬偽造，不足信也。

「太陽」以日躔宮度，取到向及坐山之三合方為吉，如「子山」，則取「太陽」到「午」方為「到向」，「太陽」到「辰、申」方為「到方」，「太陽」到「子」方為「到山」，唯有帝皇始可使用，平民百姓不宜使用，因為極為尊貴，一般人受用不了。

日課扶山相主，坐山干支不可缺少，日課要同旺或生助坐山。（「太陽星」可參考〈榮光園文化中心〉出版，繼大師著《正五行擇日精義進階》第七章——〈太陽星之用法及原理〉第31-42頁）

「玉兔」指楊公著《天元烏兔篇》內之〈選擇論〉內之擇日理論，（「太陰星」可參考〈榮光園文化中心〉出版，繼大師著《正五行擇日精義進階》第十章——〈太陰星之原理及用法〉第58-66頁）太陰星所照之坐山處，若能配合在巒頭上沒有帶煞的陰宅去造葬，定能使後代生人沾福澤。

原文：**〈星神分辨〉既得天機字字玄。精微選擇可追尋。不然背理庸師術。執着浮文枉用心。字字如金真可誇。會使天機錦上花。不得真龍得年月。也應富貴旺人家。**

繼大師註：楊公自讚此經文字字珠機，研究精微，選擇日課，扶山相主，有跡可尋，並指出俗師執著文字意思，只懂得背誦經文，不明其真正意義。

用此法選擇日課，可以使吉穴更吉，為錦上添花，富貴旺人家。

原文：**方方位位殺神臨。避得山過向又侵。只有山家自旺處。天機妙訣好留心。支如不合干中取。迎福消凶旺處尋。任是羅喉陰府殺。也須藏伏九泉陰。**

繼大師註：羅盤內的廿四山方位，神煞占犯最多，避得年殺，又有月殺、日殺、時殺等，利得坐山時，又不利向，利向又不利山，補龍扶山及相主，以日課天干去助龍、山的天干，若來龍方是廿四山中的地支位，就以日課地支去補助。

龍、山得日課的吉星相助，則「羅睺、陰府」等煞自然調伏，此為天機妙訣。

《本篇完》

（十三）《疑龍經》〈擇日篇〉楊筠松著（錄于《選擇求真》）註解

繼大師

原文：**大凡修造與葬埋。須將年月星辰排。地吉葬凶禍先發。名曰棄屍福不來。此是前賢景純說。景純雖說無年月。後來年月數十家。一半有頭無尾結。大抵此文無十全。一半都是俗人傳。不是青囊起鬼卦。便是三元遁甲詮。騰雲曜氣併祿馬。通天竅與六壬局。裝成圖局號飛天。**（竅馬不足信）**飛天名出何人造。云是祖師口訣傳。**

繼大師註：大凡修造與落葬，須將年月干支排出，以助吉穴生旺，若吉地凶葬，日子犯煞，則禍先發，名曰「棄屍」，則福不來。

東晉時郭璞（郭景純）著《葬書》，但擇日之法義未傳，至唐、楊筠松著《造命篇》、《疑龍經 — 擇日篇》，闡述其理，後人有《元經》，為〈奇門遁甲〉排卦及方位之法，稱郭璞所著，後來擇日之法，生出數十家，一半都是俗人所傳，有頭無尾，混淆視聽。

有青囊起鬼卦之法，為三元奇門遁甲秘法，分陰遁九局，陽遁九局，各分陰陽順逆，共十八局，有年盤、月盤、日盤、時盤，分上、中、下三元，盤分九宮，除中宮之外，有八門，為「休、生、傷、杜、景、死、驚、開。」奇門中的方位，以後天八卦來代表。

「奇門」與「六壬」、「太乙」同為中國古代三大術數之一，多用於占卜吉凶，尤其是「兵占」，用於行軍遣將。

內容有「騰雲、曜氣、祿馬、竅馬與六壬局」等，裝成圖局號「飛天」，楊公認為，這不知何人所作，托名為祖師口訣。

原文：**金盤圖是左補錄。雷霆九劫號昇玄。坤鑑黃羅併武曲。惟官鬼使大單于。喧傳為第一。**

繼大師註：內有很多盤局，有「金盤圖」是「左補錄」，神煞有「雷霆、九劫」號「昇玄」，「坤鑑、黃羅」併「武曲」，惟官鬼使大單于，（單于音善于，匈奴首領的名稱），楊公認為這個是「喧傳為第一」。

原文：**統例一百二十家。九十六家年月要。問之一一皆通曉。飛度星辰說玄鼓角妙。試令選擇作宅墳。福未到時禍先至。不知年月有玄微。**

繼大師註：楊公認為這些擇日派別，統例有一百二十家，九十六家擇日只取年、月，若問他們，說得頭頭是道，所有皆通曉。「飛度星辰」其法是以六十干支放入中宮飛泊至各九宮內，說得很玄妙，若試令他們選擇日子作陽宅或陰墳，則福未到時禍先至，他們不知道年月有玄微。

原文：**年月要妙少人知。年月無如造命法。裝成好命資人為。吉人生旺得好命。一生受福兼富盛。不獨己年富貴高。奕世雲礽沾餘慶。我因歷數攷諸天。玄象幽微萬萬千。**

繼大師註：楊公說擇日之法，無如「造命擇日法」之妙，生旺山命、人命，扶山相主甚吉利，富貴榮壽並吉祥，以此造命法，啟迪後人留心玩悟。

楊公因經歷了很久，去鑽研天象星宿（七政四餘）及此造命法，其中玄妙之處很多，不能盡述。

原文：**星到曉時次第沒。只有陽烏萬古全。太陰因日有盈虧。不比太陽常麗天。請君專用太陽照。三合對宮福祿堅。更看數曜在何處。福力卻與太陽兼。金水二星併紫炁。日索同用又無嫌。周天本是十一曜。只嫌逆伏災炎炎。**

繼大師註：此段說出《七政四餘天星擇日法》配合《造命擇日法》之妙，將時間轉換成四柱八字，配合坐山、來龍及福主年命，取太陽到向或到坐山的三合方，如穴坐「子」山，取「午」方為到向，取「辰、申」方為到坐山之方，取「戌、寅」方為到向之方。

其次取太陰到山，或到向亦可，但以太陽最好，太陰次之，又五星中以「金、水」二星吉，「土、木」二星掩蔽光明，火星燥裂皆凶，「金、木、水、火、土」五星加上「太陽、太陰」為「七政」，「四餘」以「紫炁」最吉，「水孛」柔星，遇吉則吉，故與日、月同用則吉。「火羅、土計」二星皆凶，無論遇到吉星或是凶星，皆以凶論。

「紫炁」為木星之餘奴，其性善良，到山到向，一切吉祥。

「水孛」又名「月孛」，為水星之餘奴，凡值山向，遇吉星同宮，則同吉為福，遇凶星同宮，則同凶為禍，其行順軌，無遲留伏逆（逆軌），其性質為少吉多凶，若遇五星逆軌，「水孛」則助之以肆大禍，遇火羅則交戰，大凶也。

「火羅」又名「羅睺」或「天首星」，是火星之餘奴，性猛毒，日月逢之，必主天變晦蝕，若臨山方，主火災盜賊之禍。

「土計」又名「計都」或「天尾星」，是土星之餘奴，性貪毒，日月逢之，必遭晦蝕，計都臨山，主出孤寡少年亡。

「羅睺」、「計都」二星雖凶，但值年而化曜，值掌天福、天祿、天貴、天權，「計都」在「乙年化印」，在「丁年化貴」，在「庚年化福」，在「壬年化祿」。

「羅睺」在「丙年化印」，在「戊年化貴」，在「辛年化福」，在「癸年化祿」。

七夥星加上四個餘星，共十一曜星，查其運行宿度，擇日臨山臨方，則大吉，此為《七政四餘天星擇日法》，其氣比《造命擇日法》為清，但現今宿度的運行，與唐、楊公時代已經相差接近半個宿度，必須重新整理，始能使用。

註：「睺」亦可作「睺」，音喉。

《本篇完》

（十四）論相主《選擇求真》卷二註解

繼大師註解

原文：**相主者何。以四柱八字。輔相主人之命也。從來皆論生年。不論生日。有論生日者。非古法也。**

繼大師註：擇日造葬亡者，先定出墳碑向度，若是重修舊墳，則先量度墳碑向度，以羅盤廿四山的坐山干支及四隅卦定其五行，以日課的四柱八字的五行，去輔助祭主的出生年命，祭主或稱福主，即聘請地師的人，或葬者的後代，或造葬亡者的代表人物，以祭主的出生年份，作為正五行擇日法的輔助配對，從來皆論出生之年，不論出生之日，若有論出生之日者，並非古法也。

原文：**蓋造以宅長。一人之命為主。葬以亡人之命為主。祭主只忌冲壓耳。餘可勿拘。而命皆重生年之天干兼論地支。或合官。或合財。或比肩。或印綬。或四長生。或取祿馬貴人等格。不冲命剋命。而又補龍扶山。上上吉課也。**

繼大師註：「宅長」者，陰宅中的大房子孫，或代表人物之一，及造葬亡者的出生年份，在陽居即是男屋主，以此陽居的代表人物的出生年份干支為主，忌冲尅祭主人命生年干支。

合官——日課或與人命合官，或合財，或比肩，或印綬，或四長生等。如日課天干有兩個或以上的「庚」干，配合「乙」天干命人，「庚」尅「乙」，「庚」為「乙」命的官，以「乙」命為主，被庚所尅，尅我者為官煞，「庚乙」合金，稱為「合官」。

合財——日課或與人命合財，如日課有兩個或以上的「己」干，配以「甲」人命祭主，「甲」尅「己」，甲以「己」為正財，人命為「甲」，以「甲」為主，「甲己」合土，稱為「合財」。

比肩——日課或與人命相同，如日課有兩個或以上的「甲」，配合「甲」命，稱為「比肩」。

印綬——人命干支為「甲」或「寅」，為陽木，日課有兩個或以上的「癸、子」陰水，陰水生陽木，日課「癸、子」為「甲、寅」之印綬，日課生助人命。

「火、水、木、金」四長生及驛馬的關係，筆者繼大師解釋如下：

火——如祭主是「丙午」年生人，日課地支取兩個以上的「寅」支，「寅、午、戌」合火局，以火局計算，「寅」為長生，「午」為帝旺，「戌」為墓庫，「申」冲「寅」長生位，故火局以「申」為「驛馬」。

四長生、三合及驛馬圖表：

五行	長生	帝旺	墓庫	沖長生位之驛馬
金	巳	酉	丑	亥
木	亥	卯	未	巳
水	申	子	辰	寅
火	寅	午	戌	申

水——如祭主是「壬子」年生人，日課地支取兩個以上的「申」支，「申、子、辰」合水局，以水局計算，「申」為長生，「子」為帝旺，「辰」為墓庫，「寅」冲「申」長生位，故水局以「寅」為「驛馬」。

木——如祭主是「乙卯」年生人，日課地支取兩個以上的「亥」支，「亥、卯、未」合木局，以木局計算，「亥」為長生，「卯」為帝旺，「未」為墓庫，「巳」冲「亥」長生位，故木局以「巳」為「驛馬」。

金——如祭主是「辛酉」年生人，日課地支取兩個以上的「巳」支，「巳、酉、丑」合金局，以金局計算，「巳」為長生，「酉」為帝旺，「丑」為墓庫，「亥」冲「巳」長生位，故金局以「亥」為「驛馬」。

「祿」者，即天干與地支同五行，甲祿在寅，乙祿在卯，丙、戊之祿在巳，丁、己之祿在午，庚祿在申，辛祿在酉，壬祿在亥，癸祿在子。

（可參考繼大師著《正五行擇日精義初階》十五至十七章〈榮光園文化中心〉出版）

「貴人」之古法口訣如下：

甲戊庚牛羊。乙己鼠猴鄉。丙丁豬雞位。壬癸兔蛇藏。六辛逢馬虎。此是貴人方。

此口訣即是，日課與祭主人命的關係，其天干地支內的關係如下：

「甲、戊、庚」天干，其貴人在「丑、未」地支上。

「乙、己」天干，其貴人在「申、子」地支上。

「丙、丁」天干，其貴人在「亥、酉」地支上。

「壬、癸」天干，其貴人在「卯、巳」地支上。

「辛」天干，其貴人在「午、寅」地支上。

以日課不冲命、不剋命，而又能補龍扶山，則是上上吉課也。

原文：**猶如生人八字。果然財官有氣。再合得大格局。其人未有不富貴者。造葬何獨不然。八字選成格局。律定凶殺淨盡。又得明星吉曜。前後夾照。貴人祿馬共相扶合。是此課全為我而設也。故曰葬課之命。乃亡人再造之命也。**

繼大師註：擇日造葬，尤如生人的八字再做，日課有五行氣生助祭主及扶山補龍，日課又成格成局，可助生人富貴，沒有凶殺冲犯，又得太陽、太陰吉星高照，更得日課貴人祿馬共相扶合，日課全為我而設，故造葬日課之八字，如同亡人再造之命，故曰《造命法》。

原文：**總之做命之法。以補龍為培根本。以補山為聚旺氣。以相主為相關切。必要三者俱有情。乃為佳課。若不有情。縱得富貴大格局。亦是虛設。豈為我有併五行所用。不得其當者。皆假造命也。**

繼大師註：擇日造葬，總要扶山、補龍及相主為重，三者俱做到，可助富貴，日課不可貪圖格局之大，而忽略扶山相主為目的，要得其法，對症下藥，則福可邀也。不得其當者，皆假造命也。

《本篇完》

後記

繼大師

使用紫白飛星，一般以年、月紫白吉星到山或到中宮，再加《正五行擇日法》作為陰陽二宅在修造時的良辰吉日，這樣已經非常足夠，是以吉時去輔助風水吉穴，達成趨吉避凶的目的，此非為風水主要法門。

是書最後四章，有《楊公忌日的手推掌訣》、《造命千金歌》、《疑龍經 ── 擇日篇》、《論相生》等楊公擇日口訣的註解。

為了使《正五行擇日法》更齊備，筆者繼大師加上首度公開的《楊公忌日的手推掌訣》秘法，更是前無古人，使地師更容易避開〈殺師日〉的煞氣。

以《正五行擇日法》為主，又以紫白的年、月「一、六、八、九」吉星飛臨到宮為輔，此為錦上添花，避開年、月紫白的二黑、五黃到宮或到山，縱然沒有吉星飛臨陰陽二宅修造的宮位，仍然可以依照《正五行擇日法》修造，無不大吉。

至於紫白飛星的時星排法，及年、月、日、時的綜合排法，將會在下一冊《紫白精義全書高階》中詳述，並附上由元末、無着大士所著的《紫白原本錄要》，作一詳細註解，加上《八宅原理》詳解，此刻已經牽涉入風水範圍。

此二書之寫作，可謂天機盡洩，紫白之秘，表露無遺，二書適合收藏，對此類學術的鑽研，甚為有用，預祝各讀者學有所得。

繼大師寫於香港明性洞天

丁酉年孟夏吉日

《全書完》

正五行擇日教科書系列 — 紫白精義全書初階

出版社 ： 榮光園文化中心 Wing Kwong Yuen Cultural Center
香港新界葵涌大連排道31-45號, 金基工業大廈12字樓D室
Flat D, 12/F, Gold King Industrial Building,
35-41 Tai Lin Pai Road, Kwai Chung, N.T., Hong Kong
電話 ： (852) 6850 1109
電郵 ： wingkwongyuen@gmail.com

發行 ： 香港聯合書刊物流有限公司 SUP Publishing Logistics (HK) Limited
地址 ： 香港新界大埔汀麗路36號中華商務印刷大廈3字樓
3/F, C&C Building, 36 Ting Lai Road, Tai Po, N.T., Hong Kong
電話 ： (852) 2150 2100
電郵 ： info@suplogistics.com.hk
印刷 ： 印象設計印刷有限公司
Idol Design & Printing Co. Ltd.
版次 ： 2017年8月 第一次版

ISBN 978-988-13442-9-8